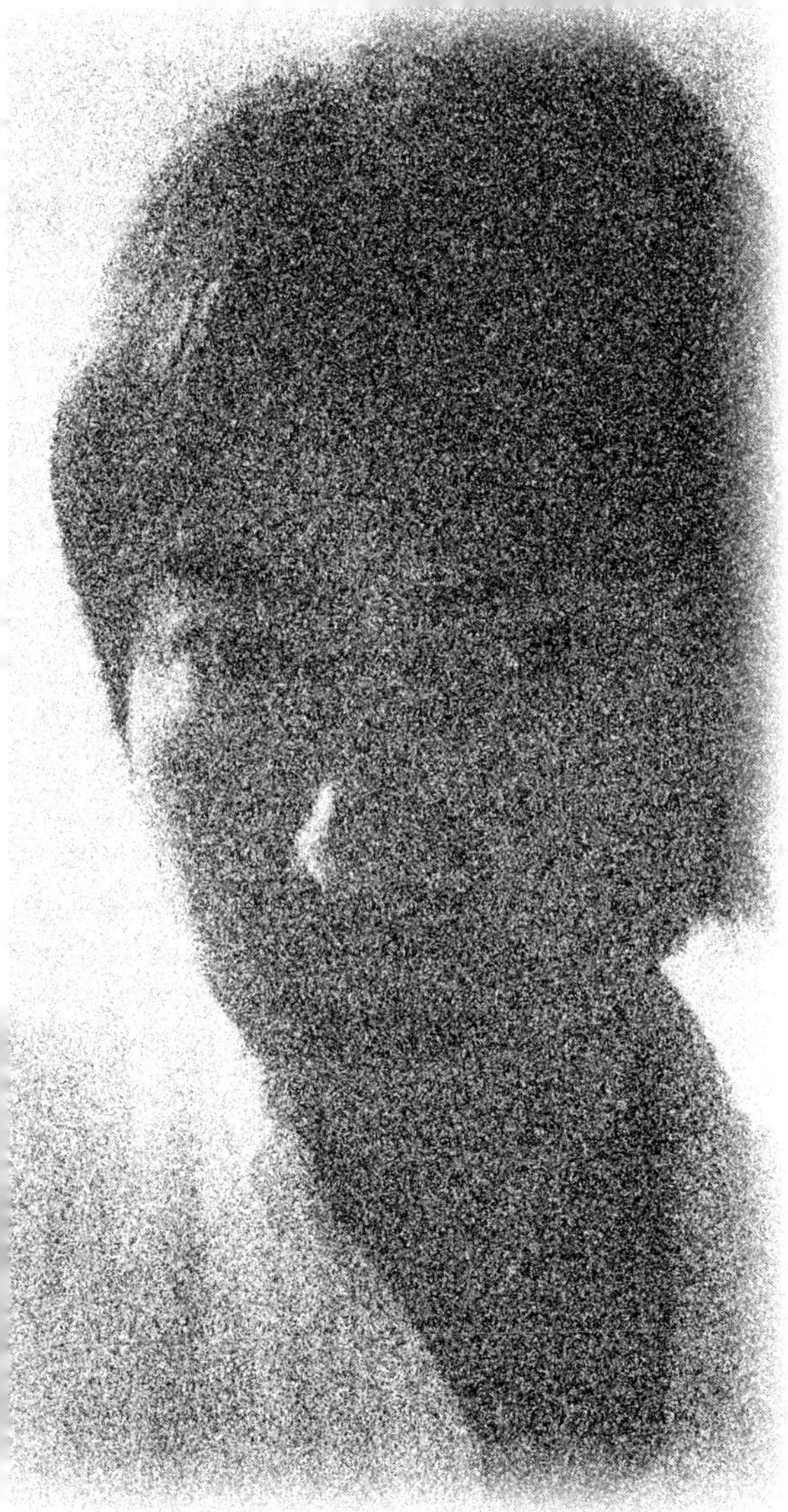

乾坤一擲の戦い

高次脳機能障害者の俺は

高野憲一

【高次《こうじ》脳機能障害《のうきのうしょうがい》】

交通事故や脳卒中など、脳の損傷によって引き起こされる様々な認知機能の障害。記憶障害、注意障害、遂行機能障害、社会的行動障害などがあり、患者数は全国で30万人にのぼるとも言われる。

【同名半盲《どうめいはんもう》】

両眼の同じ側の部分が見えなくなる症状。脳腫瘍や炎症、外傷などを含んだ脳疾患が原因で起こる。

まえがき　～私（高野憲一）が高次脳機能障害と同名半盲になった日

皇紀（※）２６６９年（２００９年）平成21年4月19日（日）……忘れもしない……私（高野憲一）が健常者から一瞬にして急転直下し「高次脳機能障害」と「同名半盲」たる「障害者」に急転降下したという……ある日、突然……降って湧いたように障害者になってしまった決して忘れられない悲劇の日なのである。

（※）皇紀とは明治5年に制定されたわが国独自の日本紀元。神武天皇即位の年を元年としている。西暦に換算すると紀元前６６０年。

子煩悩と謳われていた私は、長女「N」を片っ端から様々な場所に連れて行く中で、この日は鉄板で連れて行く恒例の「成田太鼓祭」の日（自転車で15分程度）。Nをいつも通り自転車の後ろに乗せ成田太鼓祭に赴いた（当時Nは6歳）。

行きは難なくNを自転車の後ろに乗せて行き、午前中にはＪＲ成田駅に到着し自転車を駅前のセブン‐イレブンに停め、参道まで歩きこの様々な有名な団体が乗り込んで来る成田太鼓祭の迫力満点の和太鼓をＮに徹底的に堪能させ、夕方に成田太鼓から離脱する事を決め（午後6時）、不思議にもこんな事は今まで一度たりともなかったのだが、ここから奇跡が始まる。

Ｎに、「今日は帰りは自転車を押して歩いて家に帰るぞ。一旦、自宅に帰ってから産婦人科に行くからな」と告げ、私が自転車を押しながら二人でトボトボと歩き始めた（こんな事を何故にＮに告げたのか到底考えられないが既に奇跡が起こり始めていた）。

因みに、この日は次女「Ａ」が産まれる日。

成田駅から家まで徒歩で帰る場合は優に30分はかかる。

家に帰るに当たって、最後の坂を越えれば最早、家は目と鼻の先なのだが坂に登る前に二人でコンビニに寄り、コンビニを出て相変わらずＮを白線の内側に歩かせトボトボと坂を登り始めた（これも第二の奇跡とも言える）。

Ｎは、子供がよく行う縁石に乗りフラフラと遊びながら坂を登り始めた。

これが、Ｎが全くの無傷で済んだという奇跡的な運命を決める一因となった。

私が、この二車線でもない一方通行でもない坂道の白線の内側にて自転車を押し、更にNを内側に歩かせるシチュエーションを想像して欲しい。

午後7時くらい……。坂道の中腹に差しかかった時、私と押していた自転車だけ車に正面衝突を喫し跳ねられた。跳ねられた瞬間は全く記憶にはないが、いずれにせよ私は自転車丸ごと「普通乗用車」に跳ねられた。

長女Nは縁石を歩いていたので〝かすり傷一つなかった〟（後に知る）。

いずれにせよ私は時速50キロ台の車に跳ねられた！　閑静な住宅地（成田ニュータウン）で凄まじい衝撃音が鳴り響き沢山の人々が家から出て来た事も後に知る。

車に正面衝突を喫しフロントガラスに頭が直撃し、私はたちまち〝意識不明の重体〟に陥り耳や鼻から大量の血を流し119番に通報され救急車で成田ニュータウンの成田赤十字病院に運ばれた。

後に知るが、私が救急車で成田赤十字病院に運ばれた時、医師達は「申し訳ございませんが手の施しようがないです」と見解を示し、都内の高野家一族を呼び出し、改めて居並ぶ一族に告げた（元々、私は実家が都内で都内育ちのバリバリの都内っ子）。

「大変恐縮で言いづらいのですが、今夜……お通夜の御覚悟をされて下さいませ……大変……申し訳ございませんが……我々には手の施しようがございません……」

私が車に跳ねられた時の病名は「急性硬膜下血腫」に「脳挫傷」に「頭蓋骨2本骨折」に「右脳の壊死」「左肩甲骨の骨折」「左足膝下骨折」。文字通り死線をさ迷った。

そして、意識不明のまま重体の死線をさ迷っている最中、一生忘れられない「神々しい臨死体験」もする。

こうして私は、高次脳機能障害者・同名半盲者になってしまった。

この本では余りにも過酷な「悲しき男」の未来を如実にも赤裸々に語り、皇紀2677年前から存在したであろう高次脳機能障害者・同名半盲者を日本国民に広く知って頂くため、私のように悲惨な未来を回避させんがため、後世の人々に伝達していきたいと思う。

２０１７年11月

高野憲一

目次

第二章　魔の計画が動き出す

第三章　親族との果てなき戦い

第四章　理不尽さと憤り

乾坤一擲《けんこんいってき》の戦い

高次脳機能障害者の俺は

高野憲一

装丁　オフィス・ミュー

第一章　壊れた脳

神々しい臨死体験と奇跡の生還

車に正面衝突され、耳や鼻から大量の血を流し、意識不明の昏睡状態で成田ニュータウンの成田赤十字病院に運ばれた。この死線をさ迷う重体の最中、私は「神々しい臨死体験」をした。

臨死体験とは人によっては「三途の川を見たり」「綺麗なお花畑を見たり」「御先祖達が迎えに来たり」「魂が抜けて天井から己の肉体を見たり」、それこそ多種多様、様々だが、私には昨日のことのように決して一生忘れられない臨死体験だった。

まずは既に肉体から魂が抜けていたようで、行った事がない見知らぬ寿司屋に一人で入ってレモンサワーを注文し呑みながら寿司や刺身を粛々と食い始めた（後にどこの寿司屋だったのかも判明される)。

そして、寿司屋を出た瞬間に何もかも全てが急変しておりガラリとロケーションが変わった。

それは「黄金の砂が地平線のかなたまで果てしなく続き、砂がどこまでも全て敷かれ続けていた」。この時点で私は短パンのポケットに手を入れて突っ立っており、その黄金の砂の美しさを観察する程であり、意識不明の重体の筈が極めて冷静だった。

そして四方八方のあらゆる方向から「黄金の光」が黄金の砂を照らし、光が差し込んでいるので、瞬発的に空を見上げたら、あらゆる白い雲の雲間の様々な角度から沢山の「黄金の光」が黄金の砂を照らしている。「これは、ただ事ではないぞ！　一体何が始まるのだ?」と強く意識し、引き続き突っ立っていたら、前方8メートル先の左から「大きな緑の龍」が、ゆらりゆらりと飛来して来た（下腹部は白色だが灰色がかっていた)。

そして正面8メートル先にビタっと停り、この緑の龍の横顔を見たら口から生えている髭が黄金の砂に着く程、長く垂れ下がっていた。

意識不明の私だが、この龍を冷静に観察し、鱗なども様々見て「これは相当神格の高い老龍が現れたなぁ」と直感的に思った（小学生の頃から龍とは神の化身だとは認識していた)。

そして、この緑の龍が、横顔からぐるりと顔だけをこちらに向け大音声で「お主を生かしてやる!」と私に告げ、去って行った。

死亡するのがほぼ確定されていた最中、私は神々しい臨死体験をし、医師達や事故現場検証をした成田警察署の人々はご臨終だと思っていたので大層ぶったまげたという。

夜中に意識が回復し、私は奇跡的な生還を果たしたのである。

後から聞いたのだが親父(実父)などは、この日に産まれて来る「次女の出産と憲一は入れ替わりになるだろう」と既に覚悟をしていたぐらいだったそうだ。

そして、奇跡的な生還を果たした朝に、妻N子が産婦人科に何とか外出許可を出してもらうよう説得をして、日赤まで駆け付けて来た。

妻からは、次女を無事に出産したと聞かされ、名前は「A」にしたとも告げられた。

「二人ともこの世で生きていて本当に良かった」と喜びを分かちあった。

同時に私は聞いた。

「あの事故現場に俺と一緒に居たN(長女)はどうなった?」

妻の話によると、「憲ちゃんを跳ねた車の運転手の前方不注意・脇見運転で、男は同じく成田ニュータウンに母親と二人で暮らしている20代前半の会社員、即座に逮捕されて、Nは全くの無傷。憲ちゃんを跳ねた乗用車の後ろをたまたま偶然走っていた乗用車の奥さんはNの友達の母親で、即座に車を停め、Nの顔を見て『娘の友達のNちゃんだ！』と確認をして声をかけ、Nが『パパが車に跳ねられて、名前をいっくら呼んでも一切返事がないのよ！』と泣きながらこの友達のママさんに訴えかけ、Nを保護して下さった」とのこと。

しかし、妻が入院している産婦人科に連れて行っても出産したばかりなので面倒を見るのは難しいだろうと判断し、同居していた義父母（妻の両親なので祖父・祖母にあたる）の元へ車で送ってくれた。かすり傷一つなかったNはこうして無事、自宅に戻れた。

この火急の危機に、迅速に対応して下ったママさんの自宅には退院後に菓子折りを持参し、家族四人で深々と御礼をした。

そして私の日赤での入院生活が始まった。水も含めて飲み物は暫く一切飲まないようにと厳重に告げられたので喉の渇きが非常に辛かった。

食欲も全くなく、病院から朝昼晩に出てくる飯も殆ど食べられなかった。栄養補給や水分補給は全てが点滴で対応された。

ふと気付いたら、チンポコには尿管が入っていて、なんと、おしめまで穿かされていた。この「おしめ生活」でも私は生まれつき綺麗好きな性分なので、大便する時はおしめを外してからしていた。

1週間後、医師から「脳圧が上昇して、このままでは脳内破裂をしてしまい、極めて危険で生命が危ない状態なので圧力を逃す手術を致します」と告げられ、複雑な手術内容を妻や親父に詳しく説明し、それぞれ承諾書にサインをし、判子を押した。

その手術とは、三日三晩、全身を徹底的に冷やし続け、後に頭蓋骨の一部を取り外し、その取り外した頭蓋骨を厳重に冷却保存し、無事に脳圧が下がったら一旦取り外した頭蓋骨を再び嵌《は》めるというSF映画みたいな内容だった。全身を冷やされ続けている時、私はずっとガタガタ震え続けていて、その私の姿を見て余りにも可哀想で見ていられないと思った妻は医師や看護師にかけ合って、「せめて毛布ぐらいかけさせてくれませんか?」と交渉してくれたが、日赤病院（成田赤十字病院）側の答えはどこまでもNOだった。

暫くは頭蓋骨の一部がないので陥没している見てくれで、手術時に全ての髪の毛を切られていたため、ほぼスキンヘッドの姿だった。

一旦、頭蓋骨を外すための手術は耐えられる程の痛みだったが、頭蓋骨を嵌め込む手術は「本当に麻酔が効いているのか？」と思うぐらい激痛が走りっぱなしだった。

元々、頑丈な身体なので痛みには強い私でも、手術室からベッドに乗せられて出て来た時は手術が終わるまで推移を見守っていた親族の前で大声で「頭がいてぇよぉ！」と叫んだくらいだった。

それにしても両方の手術が無事に成功し、私の命はまた救われた訳だ（この手術は、開頭した瞬間に脳が破裂してしまうことがある危険な手術）。

日赤病院で入院生活をしながら脳外科の主治医に診て貰うと、「右脳が壊死してしまうと細胞を回復させるのは今の医学では不可能です」と伝えられ、私が「退院して即座に仕事に戻ります」と告げたところ、「今の高野さんは、お一人で立っていたり、歩行していたりしたら間違いなく保護されてしまいますので、お一人では電車すらも乗らないで下さいね」と強い御達しがあった。己自身の能力の低下による自覚症状がまるでわかっていなかったので、即座に仕事に復帰する思いは捨て切れなかった。

妻は娘達を連れて、ほぼ毎日のように見舞いに来てくれていたのだが、その過程で、パパの言動が余りにもおかしい事を家族は察知し始めた。

今となっては笑い話みたいなエピソードが沢山ある。

例えば妻が見舞いに来た時に、「今日さぁ中山秀征（芸能人）がさ、日赤に取材をしに来て俺に声をかけて取材を受けたよ」と真剣な眼差しで詳しく語ってみたり、妻から「パパ、今買ってくるから何が一番飲みたいの?」と問われれば、「ライオンジュースが飲みたい」と言い始めたりする。ライオンジュースなんざ一体どこで販売しているのだ？　と今では笑い話に使っています。

これも妻から後で聞いた話だが、私の見舞いには娘達を連れて来て、帰りは三人で車で帰るのだが（自宅から日赤までは車で13分程度の距離）、決まって帰りの車中では大爆笑の渦だったようで、特に長女のNは「パパさ、ヘンテコな事しか言わないから笑いを我慢するのに大変」と常に述べていたそうだ。

主治医と妻が同席し診察を受けている過程で、私の日頃の言動や行動に主治医や看護師達が着目し、「高野さん心理テストを受けましょう」と指示され心理テストを受けた。心理テストとは知能指数・言語性・動作性などの数値を測定し、その人間の能力を検査するので、心理テストを受ければ能力が一目瞭然に分かってしまう。

結果から言うと、それぞれの数値を照らし合わせると、一般的に100なくてはならない知能指数は50しかなく、「中度知的障害者」に該当するらしく、総合的に見て「高次脳機能障害の疑いが極めて濃厚です」と診断され、千葉県で高次脳機能障害に特化している「千葉リハビリテーションセンター」（以下、千葉リハビリテーションと表記）に転院を勧められた。


3ヶ月間の入院生活で一緒の部屋だった患者の皆さんは「脳患者さん」だらけであり、そこはまるでサバンナの世界だった。

誰も居ないところに向かって朝昼晩ひたすら文句や怒鳴り声を上げる女性患者、不快な歯ぎしりを永遠に行っている男性患者、隣のベッドに寝ていた男性患者も起きている間中ずっと独り言を繰り返していた。まるでサバンナや動物園の様相……。人間は脳に強い外傷などを受けてしまうとあぁなるんだなぁと思った。

意識不明の重体から救急車で運ばれ死線をさ迷い、神々しい臨死体験をし奇跡的な生還を果たし、脳圧を下げるための手術を2回経て、約1ヶ月ぐらい経過した時、自分の携帯電話（ガラケー）がない事に気付き、早速、見舞いに来た妻に尋ねた。

「憲ちゃんの携帯電話は、現場検証をした成田警察署から『事故現場をいくら捜索しても見付からないところを見ると、車との正面衝突の大事故により破壊されてしまった可能性が高いですね』と言われたの」

そう告げてきたので、私は妻に向かって強く訴えた。

「俺が死線をさ迷う程の交通事故に遭った事は高野家一族には十分に知れ渡っている筈だが、それ以外の友人・知人達は、俺と1ヶ月間もまったく連絡が取れないとなると蜂の巣をつついたみたいに大騒ぎになっている筈だから、即座にａｕショップに行って可能ならばデータの復旧と新しい携帯電話を購入してくれたまえ」

すると1週間ほど経った頃、妻が新しい携帯電話を持って来た。早速開いてみたら、一体どのような方法を取ったのか未だに謎なのだが、データは全て復旧されていた。

そして携帯電話を開くと、そこにはメールや着信履歴が１３０件以上入っていた。だが、これら登録されている友人・知人達の顔すら全く覚えていない。一向に思い出せないので、１件１件、計１３０件、丁寧に片っ端から電話をかけて「俺とは過去にどのような人間関係でありましたか？」とまずは尋ねる事から始まり、今の己の置かれている現況の全てを語った。

「4月19日に自転車を押して坂道を登っていたら前方不注意・脇見運転の乗用車に正面衝突され跳ねられ意識不明の重体のまま日赤に救急車で運ばれ死線をさ迷い奇跡的な生還を果たし脳圧を逃がすための二度の手術を乗り越え、ただいま成田の日赤に入院中なんだよね」

　みな多大なる心配をしてくださり、電話口では何人も何人も様々な人々が「命が助かって本当に良かったね」と涙を流しておられた。

　私が入院している事が瞬く間に広がり、早速、様々な分野の友人・知人達がお見舞いに来られた。

　例えば、私はとあるＳＮＳで趣味の歴史が講じてコミュニティを立ち上げ定期的に歴史の定例会を開催している幹事だったので、各都道府県に友人達が沢山存在した。遠くは北海道や広島県から主に都内で開催する定例会に、みな馳せ参じてくださっていた。

　入院生活の中で頻繁にお見舞いに来てくれていた妻や様々な人々は、当時眠っているばかりの私が睡眠から覚めるまでベッドの横で待っていてくれるのだが、イザ！　私が起きると右側の見舞い客には即座に気付くのだが、左側にも見舞い客が居たのに声をかけず、気付かないという事態が多々発生した。

例えば便所に行く時に、病室の入口や廊下で妻や見舞い客とバッタリ会った時にも、彼等が左側に居る場合だと私は気付かないまま便所に行こうとする事が多々あり、彼等から名前を呼んで声をかけられて、やっと気付く有り様だった。それを度々目撃したり確認したりしてきた妻が、やはり病室の入口で妻の存在を気付かぬ私に向って、「憲ちゃん左目が見えていないんじゃないの？」と問うた。私は「たまたまなんじゃないの」と素っ気なく返答し、己自身が一体どんな人間になってしまったのか根本的にまるで分かっていなかった。

日赤病院の３ヶ月間の入院生活が終わり、次の転院先の千葉リハビリテーションに移るまで、一旦身支度をし、入院準備をするため自宅に戻ることになった時——。

見てくれは頭は髪の毛すらないスキンヘッド状態で、頭には手術によりメスを入れ切ったり縫ったりした少なくとも30センチの傷跡に、体重は55キロあったのだが40キロにまで激減し骨と皮状態。迎えに来た妻と義父と娘達のNとAと一緒に車に乗り自宅に帰る途中、入院中ずーっと我慢していた大好きな煙草を真っ先に吸いたくなりセブン-イレブンに車を停車させ、即座にセブンスターとライターを購入し表の灰皿で立て続けに2本吸った。何かと不自由な入院生活から1日も早く帰宅したかった。

　この至福の一服は一生忘れられない瞬間となった。

　至福の一服を済ませ、退院祝いに帰宅途中にある「華屋与兵衛」に連れて行ってもらった。病院では味気ない食事ばかりであり、大好きな生の海産物を欲していた私は海鮮丼2杯を軽く瞬間的に平らげた。これまた至福の瞬間だった。


　当時私は妻の実家（成田市）に毎月15万円を入れ（Nが生まれてからは7万円）、妻と長女Nと妻の両親と暮らしていた。妻の弟も住所が一緒なので、この義弟Kが加入していた自賠責保険の特約で私に弁護士（K先生）が早い段階から付いてくださった。この先生は千葉市に法律事務所を構える極めて頭脳優秀な方だと徐々にわかることになる。

　この特約の中で、例えば日赤に立派な沢山の花が保険会社から届けられたり、3万円分の書籍など好きな物を買ってくださいと通達されたりしたので、入院中は大好きな歴史の本を、「これとこれを買ってきてくれたまえ」と妻に頼んで購入して貰った。

　だが、イザ！　本を読むと一行目を読んで二行目を読み三行目を読むと……一行目に何が書いてあったのかをすぐに忘れてしまう状態に陥っていて、歴史の本は元々５００冊は所持し時間さえあれば毎日のように読むぐらい読書が大好きだったのが、文章が全く頭に入らない。それどころか語彙は広かった私が、その文章をいっくら読んでも何を述べたいのかの本質や意図が全く理解出来なかったので、入院中で激暇にもかかわらず積まれた本の数々を読まなくなってしまった経緯がある。

入院中は障害者になる前からずっと好きでやっていた携帯電話でも気軽に出来るインターネットの麻雀ゲームばかりをしていた（ジャンナビ）。

そして千葉リハビリテーションに転院するまでの1週間は、入院するに当たって揃えなければならない必需品を同病院によって書き記された文書などに沿って全て購入し、保険会社に責任を持って支払って頂いた（電気カミソリからパジャマまで様々な日常品）。

入院日を迎え、購入した大きな荷物を持って、妻の運転する車で千葉県では高次脳機能障害に精通している有名な千葉リハビリテーションへ赴いた。

到着し、まずは今後、私の主治医になられる脳外科医の和田先生と面会をした。

自分の名前を書かされたり、簡単な計算問題や間違い探しの絵や積み木の組み合わせなどをしたりし、一般常識の通念・概念などを尋ねられ色々と質疑応答をされた（今思えば簡単な心理テストから入って質疑応答をし、私の能力や知能指数を試してきたと思える）。

だが、自覚症状がまるで皆無な私は和田先生に向かって、「入院生活は懲り懲りで明日からでも仕事に行きたいのです」と告げた。が、やはり日赤病院の脳外科医の医師が述べた通りの見解を示し、「仕事なんてとんでもないですよ。一人では決して電車にも乗らないでください。必ずや保護されてしまうだけです」と告げられ、立て続けに「明日から数々沢山の心理テストを受けて頂きますので宜しくお願い致しますね」と今後の流れを伝達された。

そもそも私は心理テストたる知能指数・言語性・動作性のそれぞれの数値が如実に表されるテストの存在すら知らなかった事から始まり、日赤の医師には「高野さんは中度知的障害者に該当致しますね」と告げられており、知能指数は１００が一般的な健常者に対し、僅か50しかなかった。即ち健常者の能力の半分たる身。

そして和田先生との面会を終えて、次に高次脳機能障害者のリハビリを請け負っておられる心理発達科・副部長の女性医師、大塚先生との面会が始まった。

ここでは、プリントされている紙をテーブルに出され、不規則・ランダムに書かれ色々な方向に並んでいる数字の番号を鉛筆で線を引いて順番通りに繋げていくことを行った。私は鉛筆を持ってやってはみたが、①から始まり②を探し出し線を引いて書いて繋げるのがやっとやっとの有り様であり、今度は②から③を繋げなければならないのも既にヨタヨタ状態だった（今では考えられない程、鈍重だった）。

ファーストコンタクトからの大塚先生の人物像やイメージは「母性に満ち溢れた母のような方」。直感力の鋭い私はそう感じた。

この日はこれで終わり、次の日から嵐のような心理テストを迎えるのである。

千葉リハビリテーションでの入院生活と徹底的な心理テストと「同名半盲」

千葉リハビリテーションに入院し、毎日心理テストを五月雨式・徹底的に受けた。

種類が多種多様にあり過ぎて毎日違う内容のテストを受けるので記憶が欠落している部分もあるのだが、覚えている範囲内で書き記してゆこう。

内容は様々で、とある日は日本人ならではの一般的な通念や知識の質疑応答の繰り返し。

「今の内閣総理大臣の名前はご存知ですか？」

「燃えるゴミは何故に燃えるゴミの日に捨てるんですか？」

「今は平成何年ですか？　西暦何年ですか？」

「今は春夏秋冬のどれだと思われますか？」

「今は何月だと思いますか？　更には本日は何日ですか？」

「100からひたすら7を引いて引けなくなるまで引いていってお答え下さい」

「日本国の初代の総理大臣の名前はご存知ですか？」

殆ど答えられないで終わる日もあれば、小学生でも容易であろうパズルを出され、嵌め込んで完成させて下さいと告げられ全く出来なかったり、積み木を出され紙に書かれてある絵図の形通りに組み合わせて下さいと告げられ、極めて簡単な組み合わせなら完成出来たが、チト複雑になると完成出来なかったり……。千葉リハビリテーションの内部を心理テストを行う方と一緒に練り歩き続けて、病院内の様々な場所を歩き終わった時に、「今度はどこどこの場所に行きましょう。案内をして下さい」と告げられ、歩きこそするが目的地には全く行けずに、「今度はここを案内してみて下さい」と繰り返し告げられても、その殆どの案内をする事は不可能であり、総崩れ状態だった。出された画用紙に「高野さんの自宅内部を書いて下さい」と言われても、これまた適当にしか書けなかった。

また、パソコンの前に座り、予め決められている数字や色や図形などが画面に出てきたらキーボードを押して下さいと告げられ、ひたすら指示通りにキーボードを押し続けたり、「物語」を述べてこられ、全ての物語を述べ終わった時に、その物語の登場人物の名前や物語の内容をどれだけ覚えているかを質疑されたり、違う日には図形の違いを見極めるテストだったり、決められた平仮名に○を付けて下さい、決められた同じ数字を見付けて下さいだったり……と、様々な角度から毎日のように多角的に徹底的に私の能力のレベルを調べ上げられた。千葉リハビリテーションでの心理テストの結果は、「知能指数64」「動作性56」「言語性77」。

和田先生により告げられた病名は「高次脳機能障害」。正式に診断結果を下された。

この時の私の胸中は「高次脳機能障害？　聞いた事もない病だが、そのうち治るんだろ……」。自覚症状も全くなかったので完全に楽観視していた。

千葉リハビリテーションでの入院生活の中で一番困ったのは喫煙だった。妻が見舞いに来る時だけ病院の外の林にある喫煙所での喫煙が主治医から許可されたが、それ以外の時は、病室の出入りは看護師に逐一口頭で告げないと出られないので、私は「外の空気が吸いたいから10分程度で戻って来ます」と理由を付けて林の喫煙所まで行こうと何度も試みた。しかし、看護師達は何だかんだと理由を述べて病室から一切出してくれなかった。

日赤病院では、今でこそ敷地内は全て禁煙だが、少なくとも7年前はアバウトであり、病院の玄関を出れば敷地内に長いベンチが何本もあり、ご丁寧に自動販売機も設置されており、煙草を吸いながら飲み物を買い、空き缶を灰皿代わりにして他の患者さんと雑談するシチュエーションが当たり前の光景だったので、千葉リハビリテーションでの入院生活の温度差には非常に参りました。

日赤病院は自宅から車で13分程度だったが、千葉リハビリテーションまでは車で1時間以上かかるので妻の見舞いが激減化するのにも拍車をかけた。

煙草大好きな私は、今思えば高次脳機能障害者ならではの打算的な考えだったが、病院の便所で煙草を吸う事を決断した。しかし、この便所には扉なんてなくカーテンのような物であり、簡単に開け閉め出来るシステムになっていたためプライバシーを守れず一抹の不安があった。

ひとまず第1回目の喫煙は成功したものの、次の日の朝、カーテンを閉めて糞をしながら煙草を吸っていたら……、突然二人の女性看護師がカーテンを勝手に開けて、一人が怒鳴りこんできた。私は瞬発的に看護師に向って、「プライバシーの侵害ではないか！　まだ俺は糞をしている最中なのだぞ！」と反論し煙草を消した。この看護師達の素早い行動は、便所に監視カメラが設置されているのか、常に見張られているのか、どちらなのか全くわからなかった記憶が未だに鮮明に残っている。

今思うに、便所での糞尿行為はプライバシー問題であり必ずや守られなくてはならない空間だし、これが仮にも「監視カメラ」なんざを設置していたとしたら社会問題だと思う。

看護師達は早速、私が糞をしながら喫煙していた事を主治医の和田先生に報告した模様で、その日のうちに呼び出されて和田先生から滅茶苦茶怒鳴られた。

ここで私は、不自由でマトモな自由行動を取れない千葉リハビリテーションを「即座に退院し、己の自由を守る事を絶対に貫き通す！」という確固たる信念からの覚悟を決め、中度知的障害者ながら作戦を立案した。それは妻を協力者にさせる事であった。

「もう入院生活にはウンザリだ！　俺が退院するのに何が何でも協力し助力をしてくれたまえ！」

次に妻が見舞いに来た時に事前交渉をしたが、妻はどこまでも否定的だった。千葉リハビリテーションの駐車場の車の中で二人で長時間話をして己の心情の全てを露呈し、結局、渋る妻を主治医の元に来させてイザ！　和田先生の前に夫婦並んで正々堂々と述べた。

「本日を持って退院する！　俺は何もかも束縛されるのは最早、真っ平御免なので、このまま退院し、荷物を持って絶対に帰ります」

和田先生は渋々、本日退院する交換条件として、こう持ち出した。

「月1回の通院と薬の処方と、週1回のグループ訓練という脳のリハビリにだけは必ず通って下さい」

私は本日中に帰りたい一心で、その条件を仕方なく呑んだ。結果的に今思うと、この判断は良かった。早速、退院手続きを済ませ、荷物を纏めて車に乗り込んだ。

そして、いよいよ高次脳機能障害者の私を囲んだ、妻N子・長女N・次女A・妻の両親達と再び暮らす自宅療養が始まった。

これが後に妻N子の両親、並びにN子により私が果てしない地獄のドン底まで叩き落とされる多大なる不幸の未来に繋がるとは、この時点では予想だにしなかった。


ここでもうひとつの障害、「同名半盲」について。

まず正面に人と向き合っても、相手の左耳や左肩が全く見えない。何度試しても「見えない物は見えない」との結論に辿りついた。自らの左腕を挙げても正面まで腕を曲げないと見えない事にも気付き、左足からつまずくようになったり、左肩をぶつけるようになったりする事が頻繁に起こった。食卓に料理が並べられていても、左側に置いてあるおかずは、首を左に向けるか両目を逐一ギョロリと動かして左側を見なければ何も見えない。

歴史が好きな私は己自身を冷静に考察してみた（本能からなのだろう）。

正面から右側は見えるのに何故ゆえに正面から90度左側だけが全く見えないのか、まずはグーグルで徹底的に検索してみると、「半側空間無視《はんそくくうかんむし》」や「同名半盲」たる病名に辿り着いた。千葉県では極めて質の高い成田図書館（2階には貸し出し禁止の文献が存在する）に出向いて高次脳機能障害関連の本や目の病の本を大量に借りてきて片っ端から読んだところ、「これらの本は俺の事を見て書いたのではないのか？　今の俺そのままではないか？」と気付く。特に高次脳機能障害に関しては、今の私そのままだった。

早速、N子には沢山借りてきた高次脳機能障害と目の病の本を、「これは大変な病だからまずは高次脳機能障害の本を徹底的に読んでみてくれ」と指示し、ついでに高次脳機能障害の事を詳しく図解し説明している記事をインターネットで検索してはガラケーの「お気に入り」に一旦入れ、そのURLをN子宛てのメールに貼り付けて何度も何度も送った。

しかし、成田図書館から選んで借りてきた沢山の高次脳機能障害の本にせよ、メールにURLを貼り付けて携帯電話に送った高次脳機能障害たる病に関連する記事にせよ、N子は1ページすら全く読んでくれなかった。比較的読み易いであろうインターネットの「高次脳機能障害の入門編」すらも全く読んでくれなかった。

この妻N子の、病を一向に理解しようとしない杜撰《ずさん》さが後に大きな悲劇を生み出す原因となる。

N子に頼っていられないので、次の千葉リハビリテーションの診察日に主治医に聞いた。「先生！　俺は左側が暗闇になっていて左側の物が全く見えないんですが、己なりに調べた結果では半側空間無視か同名半盲ではないですか？」

「半側空間無視ではなく、同名半盲の疑いが極めて高いので病院内の眼科で検査を致しましょう」

和田先生の動きは迅速だった。

日取りが決まり眼科の検査をしたのだが、これが面白い検査内容だった。黒い箱の中を両目で覗き込み、真っ暗な中で大きさも様々な、星のような光が左から流れて来たり右から流れて来たりする。そして、流れて来る光が見えたら予め手に持っているボタンを押して下さいとの事。まずは検査を終え、視力検査に移行した。右目「1・2」、左目「1・0」と視力には何ら問題はないが、眼科の医師に「大事故に遭って右脳が壊死してしまい目の視神経が切断されてしまいまして、これは紛れもない同名半盲にてございます」と告げられた。私が「いずれ……この視神経とは繋がるものですか？」と問うと、この眼科の医師は頭を下げられた。

「今の医学では完治する事は不可能です。たいへんすみません」

不治の病を抱えてしまった事となり、併せて高次脳機能障害の本を熟読し、常にインターネットでその症状の全貌を読んだ限り……。

「不治の病を二点も抱えてしまったのか……」

己自身に降りかかった事の重大さに徐々に気付き始め、未来への暗澹たる絶望を感じ始めた。

今後、まだ幼い娘達の事を一体どうやって一人前まで育て上げるのか？

Nが6歳、Aは生まれたばかりだ。

「グループ訓練」たる脳のリハビリと自宅療養の始まり

千葉リハビリテーションでの週1回の「脳のリハビリ」が始まった。

私はてっきり脳のリハビリとは、個室でマンツーマン指導でやるものだと思っていたのだが、大塚先生（心理発達科・副部長）と話してみると、毎週月曜日の「グループ訓練」に参加して下さいとの事だった。

始めは、この聞いた事もない「グループ訓練」とは一体何だろうと思ったが、学校のクラスでの先生と生徒さん達をイメージして欲しい。

一般的な学校のように沢山の生徒が居る訳ではなく、極めて小規模なクラスであり、私を入れて大体六人ぐらいの高次脳機能障害者と先生（司会者）が居て、それに加えて我々をサポートして下さる一人か二人の職員が常に居る構図だ。

グループ訓練をするに当たって用意するように指示された教材は、極めて詳細な事を書き記せる「スケジュール帳」と「黒や赤のボールペン」に「鉛筆と消しゴム」のみであった。

このリハビリを受ける小さな教室に入り座ると、「今日の課題」と書き記された紙が1枚か2枚必ずテーブルに置かれていた。

それに向かって先生（司会者）が進行をするスタイルであり、我々高次脳機能障害者達がそれに沿って指導される訳だ。

基本は誰かが喋る事を聞き、それをその場で紙やスケジュール帳に常に書き記してメモ書きを繰り返すのだが、その書き記した事を後から先生から細かく聞かれたり、それをこのクラスの生徒さん（高次脳機能障害者）の前で喋ったりする授業風景だった。

例えば、「皆さん、千葉リハビリテーションまで来る交通手段を事細かく書き記して下さい」と先生がおっしゃり、それに沿って我々は思考錯誤しながら書き記し、それを生徒さん達の前で述べ上げる。今度は生徒さんが述べたそれらを予め配られた紙やスケジュール帳に書き記すように指示され、先生が「〇〇さんはどうやって千葉リハビリテーションまで来られているかおっしゃってくれますか？」と、それぞれの生徒さんに質問し、それを述べ上げたり、答えをすり合わせたりして、限りなく正確な答えに向かって頭脳を使う。先生が我々に向かって「高次脳機能障害になってしまった最大の原因は何ですか？」との質問をするケースもあり、それを書き記して生徒さん達に向かって述べ上げ、生徒さんがひとたび述べれば我々が再び書き記す。

高次脳機能障害は記憶を保っている事が非常に難しい病なので「一にも二にもメモ書きが基本」なのを先生は導いて下さったのだろう。

この1時間半のグループ訓練の授業風景を総括すると極めて民主的であり、高次脳機能障害者の尊厳を守って下さり、先生（司会者）や常に後ろに立って困った時にサポートをして下さる職員さんは非常に親身で親切でした。

このリハビリ中には先生や職員さんが時間を計測するテストが必ず2〜3回行われていた。

生徒さん達にプリントが配られ、それは私が高次脳機能障害と診断されるまでに千葉リハビリテーションで徹底的に受けた心理テストと酷似していた。

なるべく速く・正確に、を問われるのが基本であり、出来たら手を挙げるスタイル。

生徒さんが手を挙げた瞬間に先生や職員さんがストップウォッチを押し、全ての生徒さんの手が挙がり終わった後に先生が「高野さんは5分30秒でした」と、それぞれの生徒さんの名を挙げて精密な時間を述べて下さる。そしてテスト用紙に、自分のその時間を書き記し職員さんが回収する事を繰り返す。

この時、私の結果は六人の生徒さんが居た場合、常に5番目でありヘタすればラストの6番目だったりと、同じ高次脳機能障害者の生徒さんのクラスの中でも私がいちばん知能指数が低かったのであろう。

そして1時間半のリハビリが終わる頃にプリントされた「宿題」が必ず配られ（枚数は

マチマチ）、持ち帰った宿題は自宅で次の週のグループ訓練の時に提出する事を毎週繰り返す。

このグループ訓練にはクラス替えではないが生徒さんが入れ替わったり新しい生徒さんが来たりするので、私は沢山の高次脳機能障害者の患者さん達をこの目で見てきた。

高校生で部活の帰りに車に跳ねられて高次脳機能障害者になってしまい、周囲の人々から理解を得られなく、学校生活を普通に送る事が出来なくなってしまった学生さん、彼女と結婚を前提に付き合っていたが高次脳機能障害者になり結婚が破綻しまった20代前半の若者、麻痺が残ってしまい身体を自由自在に動かせない若い女性や男性、「てんかん持ち」になってしまい何度も倒れたりする方……それこそ多種多様過ぎた。

私は車椅子を使う身体障害者でもなく、麻痺も残らなかったのが不幸中の幸いだったが、その代わりに身体的な障害では治す・治る事が今の医学では不可能な「同名半盲」（視野の半分の欠損）たる不治の病になってしまった。健常者の方は、この機会に左目を瞑ってみて欲しい、そうすればこの「同名半盲」を簡単に体験出来るからだ。

実生活を行ってゆく中で、左側が見えないだけでたちまち外出が怖くなり、常に頭を左側に向けてなくてはならない生活を強いられてしまう訳だ。

今では初めて会う人などに、「高野さんはいつも頭を左側に向けておられますけど癖なんですか？」と言われるのは最早、慣れっ子になってしまった。

私は人間の防衛本能の素晴らしさをよくよく知り得た。即ち「左側の視野の欠損」を補おうとし、常に頭を左側に向けていなくてはならない事に、体が無意識のうちに対応してくれているのだ。

同名半盲は、左側（私の場合）から人や車が真正面まで来ないと気付かない危険な視神経の病であり、特に外出は常に周囲への要警戒を強いられる。


3ヶ月間の日赤病院への入院生活を余儀なくされ、退院して千葉リハビリテーションに転院し、「高次脳機能障害」、「同名半盲」と正式に診断を下され、自宅療養に入りながら千葉リハビリテーションの脳外科の診察を受け、同時進行で妻N子が運転する車に乗って「グループ訓練」に通った私だが、未だに治らない身体的後遺症の同名半盲以外に、もう一つ挙げられる症状がある。それは、「常に頭がボケーっとしている」極めて不快な後遺症であり、分かり易く述べるとするならば「酒を呑んでよくあるホロ酔い感覚」や「38度の発熱をしている感覚」であり、これは、交通事故によって死線をさ迷い奇跡の生還を果たした当時（２００９年）から一向に治らない。

特に季節が暖かくなる5月〜9月が一番辛く、自宅療養に入った時、私は即座にオデコに巻けるアイスノンを3個、枕の方にもそれぞれ3個ずつ使い、年がら年中オデコにアイスノンを巻き、昼寝を含めて寝る時はアイスノンの枕を多用していた。

アイスノンで頭を冷やす時だけは、この辛い不快感から幾分かは解放され「少しはスッキリ感覚」を味わえる。

この「常に頭がボケーっとしている」症状は高次脳機能障害の本やインターネットで検索し徹底的に調べ上げたが、脳に強い外傷を受けたことからの高次脳機能障害者には珍しくない症状なのを知り、千葉リハビリテーションの脳外科の主治医に、「この極めて不快な症状は自然治癒や薬を飲むことによっても治らないものなんですか?」と問うてみたが、「これは治らないんですよ」と返答を得て以来、今は諦めているのですが……。

この不快感を完治出来る方法や手術も含めて治せる方策がございましたら、どなたか教えて下さいませ。

高次脳機能障害・同名半盲の私の自宅療養

前出した文章の中で、妻N子やN子の両親並びに義弟Kは、交通事故により私の患ってしまった病である「高次脳機能障害」と「同名半盲」を全く理解してくれなかったと触れたが、私のように悲劇な第二・第三の人間を生み出さないために、高次脳機能障害者の人権と尊厳を守るために、起こった事実の全貌、その真実を、これから如実に語ってゆこうと思う。

高次脳機能障害・同名半盲と診断を下された私は、まずこの聞いた事もない病を知らなくてはならないと、成田図書館に妻N子と一緒に出向き、検索してもらいながら関連する本を片っ端から取り出してドーンと借りて帰った。

そして毎日朝昼晩、これらの本を読みふけった。

それによると、高次脳機能障害とは主に交通事故などにより脳への強い外傷を与えられて引き起こってしまう「脳の病」であり、我が国日本では「非常に判りにくい障害」や「障害の谷間」と謳われており、さらには認知症に酷似しているとも言われるのに、そうとも知らずマトモに支援などを受けられていない人々や、親族や友人にも見離されたり理解されなかったりと苦しんでいるケースも多く、「言葉・思考・記憶・行為・学習・注意」などの損失状態がある、とのこと。

高次脳機能障害の基本的な症状を挙げてゆこう。

記憶障害・注意障害・遂行機能障害・感情のコントロールが上手く取れない……などとあり、簡単に挙げてみても発症前の過去の記憶や経験、体験、多岐に渡って蓄積し学んできた事や情報を思い出せなかったり、友人・知人・血族の顔を完全に忘れていたり、逆に新しい記憶や経験や体験や情報を保っていられなかったり、人の名前や顔などもすぐに忘れてしまったりする厄介な病である。

★今日の日付、日時、曜日、西暦などを簡単に忘れてしまい、時間の概念なども殆どないか全くない。

★人に説明されたり教えて貰ったりした事を即座に忘れてしまうので何度も同じ事を繰り返し尋ねてしまう。

★感情のコントロールを取る事が難しくなり、人格が変わったようにやたらと短気になったり、その場にそぐわない発言をしてしまったりするなどで対人関係がたちまち悪化してしまう。口喧嘩が絶えなくなり、人間関係の破綻や人とのコミニュケーションを上手に取れなくなる（すぐに泣いたり、極端な笑い上戸になったりするなど多種多様である）。

★東西南北の概念がなくなり、極端な方向音痴になってしまい、認知症の老人がよく道に迷うように高次脳機能障害者も来た道・行った道がすぐ分からなくなってしまい簡単に迷子になる。大きなスーパーや病院などの建物に入っても同様であり、一旦建物の中に入って歩き始めると、たちまち出入り口が分からなくなってしまう。

これは高次脳機能障害者に顕著に見られる「地誌的《ちしてき》障害」と言い、日頃歩いて熟知していたであろう自宅の近所でも簡単に迷ってしまい、なかなか帰宅出来ず困難に陥ってしまう。地誌的障害が酷い方だと家の中でも迷ったり便所などを通り過ごしてしまったりする。

例えば私は、N子に乗せてもらい、いつもの車でスーパーの駐車場に停車をし車から降りて、これもリハビリだと思い一人で買い物の品を選んでいると、たちまちスーパー出入り口が分からない状況に陥ってしまう。その場合、他人様に「出入り口はどこですか?」と尋ねるのは最早ザラな話。散々乗って記憶として普通に覚えていた筈の車種の車が、一旦大きな駐車場になると乗って来た車を見つけるのが困難な状態に陥ってしまい、駐車場をウロウロウロウロして車を探していると、N子がドアを開け、手を振りながら声を出して知らせてくれたり、或いは出入り口でN子が待っていてくれたりする場合もある。

高次脳機能障害者は沢山並んで停めてある車の中で、果たしてどれが己が乗ってきた車なのかを即座に見つけ出すことが非常に困難なのでした。

★今、自分の置かれている周囲の状況を正確に判断出来なくなり、よく考えずにその場の思いつきだけで行動してしまい、失敗やミスを起こしてしまう。

★気が散りやすく長時間一つの事に集中出来なくなり、二つ以上の事をすると、途端に混乱してしまいミスが多発する。例えば周囲の音や雑音が気になって、一つの事に集中出来なくなったりもする。

★患者さんにもよるが常にボケーっとぼんやりしていて、人から何かを伝えられたり言われたりしても関心を持たない。従って周囲からの刺激に対して何が一番重要なのかを脳が正常に判断し、それに向かって意識を集中をする事が出来なくなってしまう。

★欲求が抑えられなくなり、状況に適した行動が取れなくなるのでミスやトラブルが多発する。

★計画力が著しく低下し、1日の見通しやプランを立てられなくなり、時間や行動を有効かつ効率良く進める段取りや実行能力が減退してしまうので、結果的に誰かの指示待ちが多くなってしまう。

★物品の呼称や見分けがつかなくなり、道具などの使い方も分からなくなる。例えば、ハサミや箸といった日頃簡単に使っていた筈の物などが上手に使えなくなったり、洋服の裏表や左右や前後などの見分けがつかなくなったり、簡単迅速に着られなくなったりする。特に機器類の使い方は困難を極める。「物の組み合わせ」も苦手になるので、以前は出来ていた筈の料理なども手順を踏んでリズムミカルに作れなくなる。
★発症前には見られなかった「幼稚な言動や行動」が目立ち、年齢よりも幼くなりすぐに人に頼りたがり、執着心や固執観念が強くなってしまう。
★話が纏まらなくなり人に何を告げたいのか、その本質を上手に伝達出来なくなる。
★人の本質を的確に見抜く事が出来ないので非常に騙され易く、真偽や嘘も見抜けないため詐欺などにも遭い易い。即ち「判断能力がないか希薄になる知的障害者」。

沢山借りてきた高次脳機能障害の本を起きている間は読みふけり、同時進行でガラケーから高次脳機能障害と同名半盲たる病を検索し「お気に入り」に入れては何度も何度も読み返して知識を得た。

私「高野憲一」の身に突如として降りかかった事の重大さを再認識し、幼い二人の娘達の未来を考えると以前にも増して暗澹たる絶望感を抱いてしまった。

いちばんの理解者になってもらわないと困る妻N子には、病の「傾向と対策」を念入りかつ徹底的に熟知してもらうため、本やネットの関連ページを読んでくれと願ったが全く読んでくれなかった。それは、「高次脳機能障害・同名半盲」の傾向と対策を全く練れず、私の病に一切向き合わず、理解を得られない事に繋がる――。

千葉リハビリテーションでのグループ訓練が終わり、その高次脳機能障害者達を病院の1階で待っている御家族の方々と私は毎回対話を繰り返し、高次脳機能障害に関しての情報交換や生活状況などを話し合うのが当たり前の中、皆様と妻N子とは著しく温度差があった。

皆様のご家族の方々は高次脳機能障害に対して非常に熱心な理解者であり、どこまでも家族愛に満ち溢れており家族一心同体・一蓮托生となって、この不可解で難題なる病に立ち向かう姿があり、そこには無償の愛が注がれていた。

同じグループ訓練を受けている男性の方が偶然にも私と同じ成田市民であり、しかも比較的近所である事を知り、そのGさんが奥様と一緒に千葉リハビリテーションまで電車とバスを乗り換えて来ているのを気の毒に思い、クラスも一緒なのでN子に「毎週、Gさん夫婦のマンションまで車で迎えに行き、ご夫婦を拾って千葉リハビリテーションに行こう」と提案をし、新たなるパターンが始まった。

たまにGさんの奥様が我々に気を使って手作り弁当をリハビリ後に提供して下さった。

私は奥様に、「私は義理人情に厚い都内っ子なので困っている方の人助けなんか当たり前の事ですから気なんか使わないで構わないんです。何よりも我々は同志なんですよ。更には、ご近所ですし何ら遠慮なんざご無用ですから、特に雨の日には車で行くほうが確実に楽ですよ」と告げた。

こうして毎週Gさんご夫婦を決まった時間に住んで居られる分譲マンションに迎えに行くのが当たり前になり、Gさんご夫婦は我々に対して大変感謝をしておられた。

自宅療養中の暮らしは、脳が「一刻も早く、少しでも治させる自己治癒」をさせたいのか、早寝早起きが日課となった。だが、今度はなぜか便通に悩まされるようになり、病院に相談して薬を処方してもらい、便通はそれによって一挙に解消された。

自宅療養をしていた私の日課は、N子から指示された毎朝夕幼稚園までの長女の送り迎えだった。また、暇ができれば「地誌的障害」を少しでも治したいがために、徒歩や電動自転車で目的地などを決めて近所を歩いたり、サイクリングしたりするのも日課として挑んでいた。

病を克服したいため、脳に良い事なら何でも行った。例えば、語彙が著しく狭くなってしまったので、「クロスワード」を買ってきては言葉など数々の記憶を少しでも思い出せるようにしたり、大学ノートを沢山買ってきては「一言日記」と表紙に銘打って、毎日欠かさずに日記をきっかり1年間書き続けたりした。

何月何日と書いて、その日起こった事や己の苦悩と葛藤、今日感じた事や行った事を就寝前に書き記した。不思議なモノで最初は二行ぐらいしか書かなかった文章が、日増しに量が増えていき1ページ全て文章を書き記したり、一気に2ページを書くまでに至った（未だに、この時の日記は全て自宅に保存してある）。

この毎日の日記は「1日を振り返って思い出す」ので脳に良いのを私は本で学んで実行した。

何年か後にテレビで、「認知症などの方は、朝起きてから1日の記憶を呼び起こして振り返り、就寝前までに毎日日記を書くと脳に良い」と放送され、そこで私の行いは改めて正しかったのだと認識した。

即ち高次脳機能障害も記憶を保っているのが困難な病なので認知症と酷似している「脳の病」に帰結するという私なりの見解だ。

当初の自宅療養中は極めて早寝早起きであり、昼寝には全く持って無縁だったが、疲れ易くなって昼寝も多発し、寝てばかり居た。これも体の治癒本能からなのだろう。元来寝ているのが苦手だった私は不思議に思っていたのだが、脳に強い外傷を与えられてしまい「少しでも修復」しようと睡眠へと誘う体の不思議なメカニズムだと、当時を振り返るとそう思える。

だが！　この寝て起きては高次脳機能障害の本を読み漁る生活リズムも長くは続かなかった。今度は逆に全く眠れなくなってしまった。一晩中起きているのはザラになってしまい、2日間起きっぱなしも普通になり、眠れない辛さを嫌と言う程感じ、典型的な睡眠障害に陥ってしまった。

これには相当参った。次の脳外科の診察日まで1ヶ月間、ひたすら我慢し耐え抜いた。そして、待ちに待った千葉リハビリテーションの診察日に脳外科の主治医に告げた。

「先生！　体のメカニズムが変わったのか分かりませんが全く眠れなくなってしまいどうにもなりません！」

切実に訴えかけると、早速、同病院の精神科の大島先生を紹介して下さり、事情を説明したところ睡眠薬を処方して下さった（この先生は素晴らしき名医であり、どこまでも理解者だった)。

こうして毎晩睡眠薬を飲む生活が始まり、辛い睡眠障害からは脱却したのだが、これも長続きはせず、段々段々、効かなくなってしまい、徐々に1種類ずつ、1錠ずつ、診察日の度に増えてゆき、最終的に4種類の睡眠薬4錠にて確固たる睡眠が約束され落ち着いた。

同時に己自身の毎日の暮らしの中では相変わらずN子が高次脳機能障害に全く見向いてくれない事も相まって、何をやっても失策と失敗との繰り返しにより「俺は何たる低い能力なのだ」と自分にホトホト嫌気がさし、暗澹たる未来への絶望感を覚え始め「本来の俺ではない！　命を断とう！」と死生観がガラリと変わり始め、N子が留守の時を見計らっては自転車に乗り、自殺場所を探し始めた。

そして千葉リハビリテーションのグループ訓練中に、私はそれを皆の前で赤裸々に打ち明けた。

その危険性を察した先生方がリハビリ後に早速、1階で待っていたN子を呼び出し、私とN子をそれぞれ別々に分けて個室での面談を行い、綿密に対話をした結果、既に睡眠薬を処方して下さっている精神科の大島先生に診察をしてもらうことになり、精神安定剤を処方された。既に脳外科からてんかん剤を処方され、睡眠薬に新たに精神安定剤が加わった訳だ。

この頃の私は今より格段に症状が悪く「物探しが非常に苦手」、ひとたび出歩けば「すぐに道に迷う」「持ち物など置き忘れや落とし物が多発」、得意だった筈の暗算や漢字が「2桁以上の計算には苦手」になり、「蓄積してきたあらゆる漢字などの読み書きを失念もしくは朧気」となり、改めて学習しても頭に入らない状態であり、不測の事態が起こってしまうと対処出来る能力が著しく欠落し、どれが一番効率が良いのかを判断出来ず、迅速なる最善手が取れなかった。

話は日赤病院の退院直後に戻るが、私が真っ先にN子に頼んだのは「香取神宮への生かして頂いた御礼の参拝」だった。

神々しい臨死体験をした時に以前から参拝してきた香取神宮の祭神「経津主大神《ふつぬしのおおかみ》」が「緑の龍」となって私を助けに来てくれたからだ。

実は香取神宮は緑の龍の目撃情報が昔から多数あり、緑の龍が鎮座されているとは交通事故前から聞いてはいたが、まさか、私の前に現れるとは。「奇跡の生還」を果たした時は非常に驚いたものである（龍は神の化身）。

龍繋がりで直感的に、これは何かあるのではないか？　と感じた私は自宅の成田市界隈で龍にまつわる事を検索してみたら、やはり出て来ました。「龍角寺」「龍腹寺」「龍尾寺」。私は生かされたこの命に御礼・感謝の参拝をせねばならない気持ちに駆られ、N子に頼んで車に乗せて連れて行ってくれと頼み、全てのお寺に参拝しました。


香取神宮とは我が国日本では武神として名が知れ渡っていますが鹿島神宮の祭神とは兄弟であり、皇紀２６７７年前（２０１７年現在）に初代天皇の「神武天皇」が伊勢神宮と香取神宮と鹿島神宮を日本で３ヶ所だけ建立して下さった凄まじい歴史のある神宮です。

香取神宮の参道を入ってすぐ右側に「夢屋」という龍に関する物だらけのパワーストーンなどを販売している店の親父さんが数々の龍や神様を撮影した写真は必見です（何か買うと、好きな写真を頂けますよ）。

親父さんの娘さんが買う人に見合ったパワーストーンで作って下さるブレスレットはお薦めです。そして、この娘さんが喋って下さる様々な不思議議体験は滅茶苦茶面白いので、お気軽に話しかけてみて下さいませ。

精神障害者保健福祉手帳・身体障害者手帳の交付とグループ訓練の変化

私は「高次脳機能障害」に「同名半盲」と下された以上、「障害者手帳」を交付してもらう事を思い付き、成田市役所の障がい者福祉課に相談したところ、かかりつけの医師達の診断書が必要ですと告げられたので早速、千葉リハビリテーションの脳外科の主治医や精神科の主治医や眼科のそれぞれの医師達に相談し、診断書を丁寧に書いて頂いた。

それを持参し改めて診断書を提出し、どれぐらいの期間が経ったのか記憶にはないが暫くしたら成田市役所の障がい者福祉課から電話がかかってきたので、N子に車に乗せてもらい複雑な心境で赴いた。

結果から述べると「精神障害者保健福祉手帳の等級が3級」に「身体障害者手帳が5級」であった（後に精神障害者保健福祉手帳は2級になる）。

その時、同名半盲が身体障害者扱いの5級なのは理解出来たが、何故に高次脳機能障害は精神障害者保健福祉手帳に該当するのか疑問に感じたので、障がい者福祉課の職員に尋ねると、「脳の病は精神に該当するんですよね」と告げられ、私は氷解した。

即ち鬱病など様々な精神障害の病が多数存在するが、このオブラートに包んだ「心の病」と述べる呼称は実は正しい言い方ではなく、全て「脳が原因の病気」だという事を悟った。

私は、それら障害者手帳を所持し、次回の千葉リハビリテーションのグループ訓練の時に持って行き、日頃お世話になっている心理発達課・副部長の大塚先生や課長、スタッフにそれぞれの障害者手帳を見せ報告した。

この辺りからグループ訓練の2時間内で行なわる3回の時間を計測されるテストで異変が起こり始めた。

今までテストでは同じクラスの高次脳機能障害者の中で後ろから数えて2番目かビリが定位置だった私が、何かが弾けたように常にトップを取るようになったのだ。

根本的な理由は何だか分からないが……。

日頃、地道に行ってきた、脳に良い事なら何でも挑戦してきた努力の結果が実ったのかも知れない。行ってきた主なものを挙げると、

①ガラケーでも出来る日本中のユーザー達と対局出来るインターネット麻雀のジャンナビの鬼打ち（即ち勝ち負けを争う頭脳ゲーム）。
②クロスワードの徹底（極めて語彙が狭くなったので言葉や物を思い出させる脳トレ）。
③「花札」をやるのが脳に良いと聞いたので、幼稚園生の長女Nに役を覚えさせ相手になってもらい、年がら年中二人で花札に興じていた（花札の図柄や色など含む組み合わせが脳トレになるらしい）。
④小学生低学年レベルの「漢字ドリル」や「計算ドリル」の徹底。
⑤1年間続けた「毎日の日記」（1日の出来事を振り返り記憶を呼び起こす）。
⑥トランプゲーム（これも相手はN）。
⑦花屋や、お花畑などで花を見るのが脳に良いと聞いたので、毎日決まった公園に行き様々な花や草木を見ながら1周回る散歩も日課にしていた。
⑧高次脳機能障害者は何も出来なくなってしまい、自宅に引きこもりがちになるのだが、私は成田駅から電車に乗って都内へ行き、積極的に友人達と交流を重ねた（人との交流

は脳に刺激を受けるので非常に良い)。

当時の私は電車の中で何度も失禁をし恥ずかしい思いをしたが、今はなくなった事も付け加えておこう。

とまぁ、この厄介で不可思議な病の高次脳機能障害と同名半盲に真正面から向き合い、少しでも改善するなら何でも挑んだ。

グループ訓練の心理発達課・副部長の大塚先生が、我々に絶えずおっしゃられた「高次脳機能障害とは、これ以上悪化する病ではなく、寧ろ改善の余地が見込まれる病ですので、いつか覚醒する時が必ずやって参りますからね」との伝説的な台詞《せりふ》が私は一生忘れられない。今でも「言葉のバイブル」としています。


この間、日赤病院の退院直後には欠落していた重要な話がひとつある。成田警察署に電話で呼び出され、私が交通事故に遭った時の「調書」を取りに行ったとこのこと。

成田警察署に行くと既に刑事が座っており、ほかに立っている警察官達がいて調書の作成が始まった。

机の上に沢山の写真を並べられ、徹底的に説明をして下さった。それを見て私が違和感を覚えたのが、肝心の私を跳ねた男性の加害者の顔には「ボカシ」が入っていたことだ。殆どが加害者の男性が運転していた交通事故直後の車両写真であり、なかには私の頭が直撃したフロントガラスの拡大図もあり、事細かく撮影されていた。

ここで刑事が私に対して様々な質問をしてきた。

「高野さん、車のフロントガラスに正面衝突をし頭や身体が直撃した場合、時速何キロぐらいで死亡されてしまうと思われますか？」

「時速90キロから100キロぐらいで正面衝突をしないと死なないんではないですか？」

「実は時速60キロ以上で正面衝突をするとフロントガラスは衝撃に耐えられず、フロントガラスをぶち破って死亡してしまうケースばかりなんです。しかし、高野さんの場合は時速50キロ台だったのでフロントガラスをギリギリぶち抜けなかったんですよ」

そして、その写真を見せられた。フロントガラス全面、全て蜘蛛の巣を張ったような状態で、正にぶち破る寸前だった。

更に刑事が述べた。

「フロントガラスを囲っている車体の金属部分に頭が直撃していたら、時速に関係なく即死だったのです。ところが高野さんの場合、僅か3センチだけズレていたから即死は免れたんです。我々は様々な交通事故を長年、現場検証をして事例を見て参りましたが、このような奇跡の積み重ねはごく稀でありまして、我々は高野さんが意識不明の重体で日赤病院に運ばれ、既に死亡は確定したと思っておりました。が、その夜中に意識が回復されたと日赤病院から報告され、それを聞いて非常に驚いたんですよ」

私はこう尋ねてみた。

「仮にもあの日、長女のNをいつも通り自転車の後ろに乗せて坂道を登っていたら長女は一体どうなっておりましたか?」

「まだ幼稚園生の幼い長女さんは後頭部を地面に直撃するかして亡くなっておられた可能性は極めて高いですね」

私は即座にハッと感じた!

日頃はNを自転車の後ろに乗せてグングンと登ってきた筈の坂道を、あの日に限って成田駅からワザワザ自転車を押して帰った。かつて一度もそんなことはなかったのに……、この日だけ駅から自転車を押しながらNと徒歩で帰るなんて選択をしたのだ!?

改めて思い返し、既にここから奇跡が起こり始めていたのだなと感じ、私もNも「神様によって生かされた」のだと心胆から思い、私の敬神である香取神宮の祭神の経津主大神様と御先祖様に感謝した。もし仮にも、Nが坂道の縁石に乗りユラユラと遊びながら歩いて坂道を登っていなかったら、Nは落命していた可能性も十分にあった筈だ。正に奇跡の積み重ね。世の中、偶然は何一つなく全ては必然であるという概念を持っていた私だが改めて強く感じさせられた。

そして死線をさ迷った程の正面衝突の交通事故で、私が跳ねられてしまった最大の原因を刑事に尋ねてみた。

刑事は「こんなにも見通しの良く交通量も少ない道路で、歩いている人に全く気付かないなんてまず有り得なく、脇見運転や前方不注意だとしか到底考えられませんねぇ」と見解を示した。

調書の作成は進んだ。しかし、交通事故以来、同じ成田市民の男性加害者は被害者である私の自宅まで来てキチンと対面し、「謝罪」する事は一度たりともなかった。36歳にして、これからという未来の全てを絶たれてしまい、人生を滅茶苦茶にされたにもかかわらず……だ。世の中理不尽なものである。

だが、私は調書作成の聞き取り調査で刑事にハッキリ正々堂々と告げた。

「20代前半の未来ある若者の会社員ですし、私が彼の未来を絶つ訳には参りません！　恨み辛みは一切ございませんので彼の罪を軽くし、身柄が拘束されているならば一刻も早く釈放してあげて下さいませ」

調書を作成している刑事や立っていた警察官達は、

「えっ、高野さん！　本当にそれで良いのですか？」

と大層驚いた様子で、同じ事を何度も聞かれ確認された。

この調書作成に携わった刑事から1週間〜10日後、2回も電話がかかってきた。

「高野さん、ただいま加害者を目の前で取り調べているのですが、あの……高野さんがおっしゃっておられた通りで本当に良いのですか？」

「彼の事を恨んでも私の病は治る訳ではございません、武士に二言はないです！」

何度も確認されたが、私は電話口で加害者の男性に「武士の情け」をかけた。

後から様々な人に聞くと、交通事故などで車椅子状態になってしまったり、重い後遺症を背負ってしまったりした被害者は、警察署での調書作成時には加害者に対して激怒しているケースばかりだそうだ。みな「厳重に罰して下さい」と述べるらしい。

症状固定と後遺障害等級第2級1号が認定された

千葉リハビリテーションの通院並びにリハビリ通いの1年間が経過し、診察日に主治医で脳外科の和田先生に何かと生活費が苦しい旨を切実に相談した。

「これから降りる筈であろう任意保険金を盾に、顧問弁護士のK先生が加害者の保険会社に生活費の前借り交渉をして下さって生活を凌いでおりますが、何か他に良い方策はございませんか？」

N子と一緒に診察室で相談を持ちかけたところ、即座に同病院のソーシャルワーカーの森戸さんを内線で呼び出し、森戸さんが診察室に入ってくると早速、和田先生と森戸さんのやり取りが始まった。そして、生活保護費申請から受給する話が持ち上がり、その場で我々夫婦は森戸さんに様々なことを聞かれた。

「今住んでいる妻の実家は分譲マンションの住宅ローンが残っていて、妻の両親がそれを支払っておりまして、私も交通事故前は最初の娘が産まれるまでは毎月15万円を入れ、娘が産まれてから減額してもらいましたが、いまも支払っています。義父○は1億3000万円の借金を抱え、裁判所からの呼び出し通知や債権者達の取り立てから徹底的に逃げ回っている多重債務者なんです」

正直に語ると、森戸さんは言った。

「同居されている高野さんの奥さんのご両親が住宅ローン持ちですすと、生活保護費の申請をしても審査が通らず、受給できないんですよね」

「血が繋がっていない義父や義母であり、我々夫婦のローンではないんですけど……。そんなもんなんですか？」

即座に私は森戸さんに尋ねてみたが、回答は同じだった。

私が落胆しかけた瞬間、和田先生がおっしゃった。

「高野さん、高次脳機能障害と同名半盲たる病を患って以来、1年間が経ちましたので症状固定をして自賠責保険の手続きを致しましょう。近日中により綿密に診断書を作りたいので再度、診察室においで下さい」

そして日取りを伝達された。

診察室を出た瞬間、とっさに思ったのが顧問弁護士のK先生に電話を入れる事だった。

「先程、症状固定の話が精神科の先生からではなく、相談した脳外科の主治医から出ました。K先生は如何されますか？」

私がそう告げると先生はおっしゃって下さった。

「当日は私も千葉リハビリテーションに赴き立ち会いますからね」

そして顧問弁護士立ち会いのもと、診断書の作成に入り、完全に完成するまでどれだけの期間を置いたのか記憶が定かではないが、いずれにせよ再び診断書を頂きに千葉リハビリテーションに赴いた。

己自身の今の立ち位置や正確な能力が知りたかったので診断書をよくよく見て内容を確認してみた。ある程度の覚悟はしていたが予想以上の内容に愕然とした。

サラリと症状のキーワードを挙げてみると、「就労不能・不可能」「総合の知能指数が64」「高次脳機能障害により注意障害に集中力低下」「自殺企図ありで精神科に罹っている」「左同名半盲」……。惨憺たる有り様の中でも私が一番の衝撃とショックを受けたのが

「就労不能・不可能」だった。

知能指数はリハビリなどによって少しは上昇したが（50→64）、高次脳機能障害に特化しているプロの集団には、私の本当の能力は完璧に見抜かれていた訳だ。

私は様々な能力を喪失し著しく低下もしたが、仕事は出来るものだと多少なりに自信はあった。しかし、それが脆くも崩れ落ちた瞬間であった。

簡単に述べるとするならば、私、高野憲一は36歳にして仕事には就けなくなり、働けなくなったという現実。そして高次脳機能障害を全く理解してくれない妻N子という爆弾を抱えながら、幼き可愛い娘達二人をどうやって養って行けば良いのか……。未来に漠然と悲観し絶望に暮れた。

受け取った診断書を提出する手続きなどはK先生が全て行って下さり、どれぐらいの期間を置いたのか余り覚えていないが、比較的早く「三井住友海上火災保険株式会社」から自賠責保険の後遺障害等級証明書が郵送されてきた。早速、大きな封筒を開けてみて文書内容を見て改めて驚き……即座にK先生に報告の電話を入れた。

「自賠責保険ですが通知が来て僕は第2級1号で認定され、口座に３０００万円が振り込まれておりました」

流石の凄腕のK先生もやや驚いておられた様子で、近々法律事務所にお越し下さいと促された。

後に、自身で調べたり法律家や医学・医療関係者のあらゆる人々から聞いたりしたのだが「後遺障害等級第2級1号」（自賠責保険金額3000万円）というのは極めて凄まじい等級であり、例えば後遺障害等級第1級の人とは「両眼が失明したもの」「咀嚼及び言語の機能を廃したもの」など（同4000万円）であり、私が認定された第2級1号とは、両腕を喪失してしまった人や両足を喪失しまった人などで、車椅子状態は普通、という極めて重い後遺症を患ってしまった人間だという事を知った。

自賠責保険の後遺障害等級証明書の全文を記載しよう。

【結論】

自賠法施行令別表第一第2級1号に該当するものと判断します。

【理由】

別表第一の後遺障害について。

集中力低下、注意障害、自殺企図等の症状については、提出の頭部画像上、急性硬膜下血腫や脳挫傷が認められ、その後、脳萎縮の進行が認められる等から、本件事故に伴う高次脳機能障害と捉えられます。

障害の程度については、提出の「神経系統の障害に関する医学的意見」（千葉リハビリテーションセンターリハビリ科／22年11月22日記入）上、運動機能について「正常」、身の回り動作能力について「排尿・排尿動作、非便・非便動作：ときどき介助・見守り・声かけ」、屋外歩行について「遠くへ行けない」、認知・情緒・行動障害について「以前に覚えていたことを思い出せない。疲れやすく、すぐ居眠りする。発想が幼児的、自己中心的。複数の作業を同時に行えない。幻覚や妄想がある」等が「重度／頻回」と所見され、その社会生活・日常生活に与える影響について「重度の高次脳機能障害を認める。回復の見込みはない。自殺企図あり、精神科受診中である」と所見され、全般的活動および適応状況について「社会適応は現時点ではまったく出来ない」と所見されています。

これらの所見に、「日常生活状況報告」の記載内容も勘案すれば「生命維持に必要な身辺動作に、家族からの声掛けや監視を欠かすことができないもの」と捉えられ、「神経系統の機能又は精神に著しい障害を残し随時介護を要するもの」別表第一第２級１号に該当するものと判断します。

別表第二の後遺障害について、視野障害については、提出の後遺障害診断書（千葉リハビリテーションセンター発行／22年９月24日付）および視野表において半盲症が認められることから「両眼に半盲症を残すもの」として別表第二第９級３号に該当するものと判断します。

なお、視力障害については、前記後遺障害診断上、その矯正視力が０・６以下になったものと捉えられないことから、認定基準上、自賠責保険における後遺障害には該当しないものと判断します。

右前額部の陥没については、面接調査の結果、人目につく10円銅貨大以上の組織陥没と捉えられることから「男子の外貌に著しい醜状を残すもの」として別表第二第12級14号に該当するものと判断します。

前記および障害を併合した結果、別表第二併合第8級と判断します。

前記により、本件は別表第一と別表第二に該当する後遺障害がそれぞれ認められますが、これらの障害については、損害額の算定において被害者に有利な取り扱いとなる別表第一第2級1号を認定することが妥当であるものと判断します。

以上

第二章　魔の計画が動き出す

私の自賠責保険「3000万円」に群がる亡者たち

後遺障害等級第2級1号により自賠責保険の「3000万円」が降りた事は前述の通りだが、まず私が着手したのは若い時に仕事などの失敗により作ってしまった過去の清算、「借金の返済」からだった。

①カードローン50万円。

この借金の原因は、同居している多重債務者のN子の両親――何かとお金に困っており「千葉地方裁判所佐倉支部」（以下、佐倉裁判所と表記）からの呼び出し通知や債権者達の取り立てに対し、何ら抜本的に問題を解決せずに自宅に居座って逃げ回っている――に毎月15万円も入れるため、私の給料から足りない分を借りてまでして毎月入金するために膨らんでしまった借金。
②私や実弟Sが極めて短い期間だが仕事をしていない時期があり、サラ金から借りた残金30万円の返済。
③都内に住む叔父Jが、日本経済新聞の購読者の申し込みハガキのポスティング配りで大成功を納めた自社ビル兼自宅の会社で私が20歳まで勤めていた時に、主にアパートを借りるために作った借金。
当時、私は何度か転居を繰り返したので借りた金額が不透明だったため、ひとまず50万円だけを封筒に入れ、足りない分はその場で降ろすつもりで、この叔父の会社に単身乗り込んだ。しかし、叔父からは「恵みたいな身からその金を貰ったら俺は乞食になってしまう」や「恵から貰える筈がないではないか！　小さな庭付きの安い一軒家を購入して娘達を育て上げなさい」と諭され、説得されたが、私もただでは引かずに借金を返すために1時間以上は受け取ってもらうようにしがみついて粘ってはみた。しかし、とうとう叔父には受け取ってもらえず、逆に叔父の偉大さを感じた素晴らしき日になった（しかし！　私

が独り身になって数年後にこの叔父は豹変し、金を要求してくるようになり私は絶望する)。

④親父（実父）に借りた135万円（主に退院後に働けなくなった私が自賠責保険を担保に生活費として借りた金)。だが、残念ながら実父は全くもって高次脳機能障害への理解者ではなく、叔父と同様、金の無心ばかりするようになり、今では私の方から縁を切った状況に喫している。

⑤親父の内縁の妻の義母に借りた15万円（退院後に自賠責保険を担保にし生活費として借りた金)。

⑥20代からの親友で一番仲が良かった友人から借りていた30万円（これまた金の無心ばかりをしてきたので私の方から縁を切った)。

とまぁ……支払えるところには片っ端から際限なく支払った。この自賠責保険金は、私の命の代替え金であり、重い後遺症を二点も抱えて障害者になってしまった代替え金だが、私は率先的かつ積極的に徹底的に支払った。

就労不能たる身になってしまい働けない私にとって「虎の子の金」であり、二人の幼き娘達を自賠責保険金にて一人前まで育て上げなくてはならない親としての責任感がある中……1円たりとも無駄金は厳禁なる最中……それを承知の上で私は義や筋を通した。この時は、まだ任意保険が降りていないので尚更だった。

そして――。身の回りに異変が始まり、長き戦いの幕が開けた。

この後遺障害等級第2級の自賠責保険3000万円が降りてから、妻N子を含め同居しているN子の両親やN子の弟である義弟Kなどの態度がガラリと変わり始めたのだ。

まずN子が私に向かって「毎月20万円を頂戴！　じゃなきゃマトモに生活が送れないのよ」と強弁し始めてきた。

私は「僅か十畳一間に四人（N子と自分、子ども二人）で暮らしているだけで何故に毎月20万円もかかってしまうのだ？　俺は働けないんだぞ！　状況を理解して事の重大さをキチンと把握しているのか？」と返した。

だがN子は極めて執拗であり、何故だか20万円という金額に固執してやたらとこだわっており、しぶとくしがみつくので私は立て続けに言った。

「もう働けない俺は、この金を頭を使って大切に大切に使い続け、NとAを一人前に育て上げなくてはならないのだぞ。ならば、家計簿を作れ！　生活にかかった必要な金ならキチンと出すから」

しかし、朝昼晩毎日、口を開けば「20万円を貰わないと何も出来ないの！」の繰り返しにより、この頃から夫婦喧嘩が絶えなくなってきた。

当時の私は今よりもっともっと病が酷く正確な判断能力を下す事は不可能であり、どこまでも希薄で薄弱で人の真偽を見抜けない状態であり、満足な判断が取れなかったので、遂にN子の戯言に根負けしてしまい、毎月20万円を逐一降ろし、手渡すようになる流れを作り出してしまった。

これが、O一家（N子と義父母・義弟）の「魔の計画」が発動された瞬間だった。

この20万円たる大切な大金の使用方法は娘の幼稚園の学費を払い、後は夫婦の携帯電話代と食費等々という、たかだか知れている金額だった筈である。

ところが、N子はこの金の中から、我々四人と同居している分譲マンションの主である義父Oが抱えている1億3000万円もの借金の返済のために、横流しをしていたのである。

それは最早、明白だった。何度も廊下で密かに聞いてしまったからだ。

知的障害者・身体障害者の自賠責保険金を徹底的に搾り取ってやろうと、N子と義父母は私が睡眠薬を飲んで寝静まったのを確認してから夜な夜なリビングで綿密に計画を立てていたことに私は気付き始めていた。N子は両親のためなら平気で私を裏切る・売る。

まさに〝非人間的家族〟たる言葉が相応しいだろう。

その証拠に私が毎月20万円を手渡し始め、味をしめたN子は今度はこう言い出した。

「家が常にお金に困っているから纏まったお金を無利息で貸してあげて、お願い！」

これまた朝昼晩毎日、耳にタコが出来るほど述べ始めたので私は耐えかねた。

「俺は最早、金なんて貸せる身分ではないのだぞ！　お前は、NとAの未来を本気で考えているのか？　二人が可愛くないのか？　俺達四人の今後の生活はどうするのだ？　何ら将来の事を考えていないではないか！　そもそも、他人様に散々迷惑をかけて1億3000万円も莫大なる借金を抱えて、自宅には年がら年中、債権者達が激しく取り立てに来ているのをひたすら居留守を使い無視し、挙げ句の果てに裁判所からの呼び出し通知すら受け取らないで居る多重債務者の人間が俺にどうやって金を返せるのだよ！　説明してみろ！」

中度知的障害者なりに強弁したが、N子はそんな事どこ吹く風で返答してきた。

「憲ちゃんが纏まったお金をお父さんに貸してあげれば、債権者達は一切自宅には取り立てに来なくなるのよ！」

私が「貸してやっても50万円だけだぞ」と返すと、「100万円だけは貸してあげて！」と果てしなくしがみつかれた。

今思えば、その辺の中学生でも騙されないN子の詭弁からの口車に簡単に乗っかってしまい、詐欺られた流石に騙され易いバリバリの「高次脳機能障害者」の私であった……。

そして、まんまと騙された私は次の日にN子に車に乗せられて郵便局の本局に100万円を降ろしに行き、その夜、分譲マンションのリビングでN子の両親が座っている前で100万円の大金の入った封筒を「無利息で100万円を貸、し、てあげます」と手渡してしまったのだ。

後に裁判沙汰になるのだが、大変大きな過ちを犯してしまったと今でも悔やんでいる。

更に味をしめたN子と義父母は、数日間置いて今度はN子の実弟であり私の義弟K――日頃は一緒に住んでいないが住所は実家であり、自分の部屋も持っていたのでチョコチョコ泊まりには来ていた――も含めてテーブルに座る機会を持った。その時、Kが皆の目の前で私に向かっていきなり「自賠責保険の30%を寄越せ！」と恫喝《どうかつ》し、恐喝して来た！

目の前にいるのだから、Kの暴挙と恐喝・暴言を即座に止めて私を守り、逆にKを怒鳴りつけ徹底的に叱りつけなくてはならない立場であろうN子と義父母は、完全に見て見ぬふりを決め込んでKの恐喝・恫喝の暴挙を看過している。この考えられない事態に、ここでいよいよ、と私の堪忍袋の緒が切れた。

NとAを守るためだと防衛本能が働き出したのだ。

「働けねぇ俺は、N、Aの事をこの自賠責保険によって育て上げなきゃならねぇんだよ！それを自賠責保険の30%も寄越せだと？　ふざけるのもいい加減にしやがれ！　表に出ろ、小僧！」

と立ち上がって真剣に怒ったところで、ようやく義父Oが止めに入った（止めるのが遅過ぎなんだよ！）。

総じて拝察してみると全てが出来レースであり、O一家は「劇場型おれおれ詐欺」と何ら相違はなく、「怒らせる役」「欺いては金を摂取する役」「作り話をする役」「同情心を誘う役」「バランスを取るために見せかけの優しさを興じてくる役」と多種多様、それぞれの役割分担を計画通りに遂行させるため、私が完全に寝静まったのを確認してからリビングで夜な夜な「悪魔の計画」の密談を重ねては練っていたのだろう。

いかにして私の自賠責保険金の3000万円を摂取・ユスリタカリ・着服するかがN子を含むO一家の計画であり、これはホンの序章に過ぎなかった。

それはさて置き、高次脳機能障害者の私なりに本能的に危険を察知し、「ここに住み続けていては決して駄目だ！」と強烈に危機意識を持ち始めた。

纏まったお金もひとまず入り、支払う所には全て支払い禊《みそぎ》も落とした。何より十畳一間の狭い部屋に四人で暮らすのは何かと窮屈であり、一番問題なのがN子が全くもって高次脳機能障害を理解しないどころか、強烈なファザコン・マザコン気質で、両親の言う事・述べる事なら亭主の私の事なんざどうでも良く何でも言いなり状態なので、N子と両親を遮断する事が急務かつ必要であり、私はN子に「降りた自賠責保険金をよくよく逆算しながら安い物件を買うか団地か市営住宅に引っ越すぞ」と計画を打ち明けた。

そして急速に引っ越し準備に取りかかり始めた。

様々な近隣のスーパーなどで段ボール箱を大量に貰ってきてはかき集め、非常に散らかっていた部屋を掃除しながら荷物を一つ一つ仕分けして綿密に詰める作業を毎日毎日、長時間に渡って一人だけで全て行った。大変だった。N子は段ボール箱集めに行く時だけは私を車に乗せて行ってはくれたが、段ボール箱に荷物を仕分けする作業は一切手伝わず、全くもって協力してくれなかった。

それと同時に様々な不動産屋に行っては分譲マンションや一軒家を内覧し始めたのだが、「一生一番の大きな買い物は自宅」たる一大事に対してN子は極めて非協力的であった。

当初は成田市の団地に入りたかったのだが、成田市役所に相談すると「東日本大震災の影響で障害者と言えど優先的には入れません」と素気ない回答しか得られなく、全くお話にならない状態だったので、このことが物件を買う気持ちに拍車をかけた。

始めの頃は物件の内覧に車で連れて行ってくれたN子だったが、イザ、内覧をするとなると物件内部を吟味せず、たいして中身もマトモに見ず、の繰り返しであり、例え良い物件と巡り合って、「ここに決めてしまおうか？　この物件は金額的にも日常生活を暮らすのにも条件がピッタシではないか？」と真剣な顔をして告げても承諾する事はなかった。

例えば私の体調が悪く、N子だけに物件を内覧させに行かせて、帰って来てから詳しい情報を徹底的に聞いてみても何ら感想らしい感想を具体的に述べず、有益な情報など殆どなく、しどろもどろな状況が続いたので、私はいい加減怪しいと思い、密かに不動産屋に電話をかけて確認してみた。

すると、「私もずっと待ってたんですけど奥さんは来なかったですよ」や「急な用事が入ったとおっしゃって、その日は連絡も来なかったですよ」と、ボロボロとN子が内覧しに行ってはいなかった全てが白日のもとになった。

私が不動産屋に「アポをとって貴重な時間を割いて頂いたのに妻が行かなくて誠に申し訳ございませんでした」と謝ると、不動産屋の方がN子の本音とも取れる真実を語って下さった。

「奥さんに他言無用ですが、何だか……障害者の夫が勝手に行っているだけで私は物件を買うつもりなんてないんですよ、とおっしゃって」

そう赤裸々に述べて下さり、私はハッと我に返った。

「N子は引っ越しなんざする気はサラサラないのは明白なのは分かったが真の目的や本当の狙いは一体何なのだ!?」

フツフツと何か嫌な予感が押し寄せてきて異様な違和感を覚えた私が居た。


この時から夫婦喧嘩が激化して絶えなくなり、ひっぱたかれたりひっぱたいたりする事も勃発し始めた。全ての原因は毎月20万円を手渡しているうえに、実家にも虎の子の100万円まで貸し付けても飽き足らず、更なる金の無心と、亭主の病に対して相変わらずみじんも向き合わず、高次脳機能障害者への傾向と対策をよくよく練って勉強・研究もせず、そのため対応の仕方にも熟知・精通していないがゆえのことだ。イザコザが絶えなくなり夫婦間で揉める事が多発するのは至極当たり前の事象であると悟った。

私は、この義父Oの分譲マンションのリビングにてN子を含むO一家に様々な台詞や言葉を浴びせられ、傷付いていていた。

「障害者なんてこの世に何ら生産性がない存在だから世の中に不必要なんだよな！　そう言えば、家にも障害者が居たっけ。金だけ置いて出て行ってくれないかしら」

「金を出さなきゃ面倒なんてみてやらねぇからな！」

私が強い心理的外傷を受けるのも極当たり前になってきた。

今思うと、これは「障害者虐待防止法」に抵触する行為であり、必ずや「心理的虐待」や「経済的虐待」に相当するだろう。


ここで妻N子の性格や気質を簡単に書き記しておこう。

極めてファザコン・マザコン気質であり、亭主や彼氏なんかよりもパパ・ママが何よりも第一でありパパ・ママの言う事なら何一つ文句を言わずに何でも聞く。（私は、N子のように家族の事を平気で売る人間の行為を「売家族」と造語を作って皆さんに口伝している）

極めて頑固者であり、人に悪い事をしても謝罪をするという概念が皆無。

嘘をつくのが日常茶飯事。

これは、N子が英語専門学校の学生時代から付き合い始めて、同棲生活を経て「出来ちゃった結婚」をするまでの人物像を長年考察してきて、普遍的に何ら変わらない結果からのN子の気質・性格なのである。

自賠責保険の3000万円が降りてから高次脳機能障害者に喫した亭主に全く向き合わないどころか、金の無心ばかりのN子に対して、私は本能的にヒタヒタと差し迫っている何か恐ろしい危機感に苛まされてしまい、強い危険を感じたので、度々「重要な話があるので今後について公園で二人きりで話したい」と呼びかけ、公園に行き話し合いをした。

「俺の一番の理解者にならなければならない筈の肝心の妻のお前は高次脳機能障害に見向きもせず、理解もせずに全く学ばないどころか、親子揃って俺の自賠責保険から金の無心ばかりで一体全体どうなっているのだ？　高次脳機能障害者に加えて同名半盲たる身体障害者だが、お前と離婚をして、NとAは俺が育て上げる！」

これが決め台詞だったのだが、決まってN子は「憲ちゃんとは離婚したくない」の一点張り。今思えば私はN子を含むO一家にとって都合の良い金づるだったから、おいそれと手離したくなかったのだろう（後から全て分かったのだが、彼らの真の狙いはこれから降りる任意保険だった）。

あの時の生活状況を総じて思い出すならば、サバンナに裸一貫で放り投げられたような状況であり、大金を持った判断能力のない、どうにでもなる知的障害者&身体障害者が詐欺師達に囲まれて居た、という危険極まりないない構図だった訳だ。

悪意のある遺棄①「魔の計画」の発動

忘れもしない、平成23（2011）年7月。

まずは私の実家である杉並区・阿佐谷の親父（実父）から電話がかかってきた（親父から電話が来るのは決して珍しくはない）。

「たまには俺（父）とS（私の実弟）と憲（私）の親子三人で一緒に飯を食おうよ。大事な話があるから2日（7月）に、お前一人だけで板橋駅に来てな」

具体的な日取りまで決められ話を持ちかけてきた。私は心の中で「大事な話とは一体何だろうか？」と思いながらも、親子三人で会って飯を食う事に何ら疑いもためらいもなく了承をした。

因みに、電車の乗り換えなどは、その場その場の駅で駅員さんに聞けば何とかなり、電車には乗れていたので、長女Nのお爺ちゃんである私の父にNを会わせるのは親父も喜ぶからと、今回もNを一緒に連れて行こうと思い、N子に伝えてみたら、なぜかN子は泡を食ったように言った。

「2日だけはどうしても行けなくて……。幼稚園のお友達の送別会で私もNもAもお呼ばれされてて、どうしても参加しなくてはならないので、この日は都内までは行けないのよね。それに憲ちゃんに大事な話があるとお父さんから言われている以上、一人で行ってきてよ」

と、やたらと慌てて必死になっている。私は、既にこの時点で騙されているとは全く気付かずに「A（次女）も行くのか？　なら、俺一人で都内に行って親父と弟と飯食って帰って来るわ」と返答をした。

そして結論から述べると、7月1日を持って、住んでいたこの分譲マンションで私が眠ることは二度と、永遠に、なかった……。

約束の7月2日、板橋駅で親父と弟と合流し、ファミリーレストランに入った。

他愛のない日常生活の話から始まった親子三人での対談だったが、相変わらず親父は高次脳機能障害たる病を全く理解していない様子で、改めて私に向かって「大事な話があるので場所を変えて話そう」と促してきたので、私が「言いたい事があるならば、この場で何でも言えば良いじゃんよ」と伝えると、「ここでは話せない、お前の未来にかかわる重大な話があって、話せる場所は既に用意してあるので俺に付いて来てくれ」と余りにしつこいので「一体何なのか?」と思いながらも私は親父に付いて行った。

そして、新築のワンルームマンションに長いテーブルが一つだけ置いてある、後は何もないガラガラの部屋へと誘導された。

ここで親父はようやく全てを語り始め、同時に1枚の紙を私に差し出してきた。

それは、N子の実父Oがしたためた文書であり、「読んでみてくれ」と親父に促され即座に目を通した。

文書は全てが与太話と作り話と虚構とデタラメな内容の満載で、欺瞞に満ちた単なる「嘘」が書き連ねてあった。

目に余り、私は驚愕と同時に啞然とした。

「俺は間違いなく裏切られた!」

瞬発的に感じ、脳に稲妻が走った。

内容の詳細は割愛するが、その紙には「二度と家の敷居を跨がない事」や「我々一家と憲ちゃんとは一緒に住む事は絶対に出来ません」や「娘が憲ちゃんにひっぱたかれている」や「NとAは娘が育てて行きます」等々、挙げ句の果てに文章の最後にはこうあった。

「憲ちゃんの住む場所が決まったら、そこの住所に全ての荷物をお届けします」

私は即座に親父に向かって叫んだ。

「何なんだ、この作り話は！　こんなん全部真っ赤な嘘だぞ！　N子は俺の同意なしに通帳やキャッシュカードから勝手に金を降ろして、俺は既に〇一家に自賠責保険の3000万円から短期間で400万円も都合良くあしらわれて摂取・着服されているのだぞ！ひっぱたいただ？　俺が逆にひっぱたかれていたよ！　親父は実の息子の言葉を信じないで〇一家の言葉だけを信用するのかよ！　それは違うだろ！」

親父に声高に告げたはしたが、既に親父は〇一家によって籠絡《ろうらく》され洗脳されており、私の述べる事は何一つ信用しないどころか、逆に親父は「奥さん親子は阿佐谷の自宅に何度も来ては、お前とは住みたくないと頼み込んで来ているから諦めて成田の家を出ろ」と言う始末だった。

成田で〇一家と暮らしている知的障害者の息子の私を取り巻く生活状況や環境を全く把握していない無知さを如実に物語っており、遠く都内に住む親父が〇一家の述べる事を全て鵜呑みにしている余りにも悲しき事象であり、その場に居た2歳下の弟Sも決して兄貴である私の味方ではなかった。

死者、ではないが、正に死者に鞭打つような状況であり、私の反証を全く信じないまま、立て続けに今度は、

「実は、憲な……、奥さん親子が成田から車で来て、近くで待機しているんだよ」

と告げてきた。私は更に驚く。

早速、親父が義父だかN子に電話をかけて、数分後に義父とN子が部屋に入ってきた。

「これは一体全体どういう事なのだ!? お前、俺の事を嵌めたな?」

私の第一声だった。

判断能力のない流石の私でも、いい加減、事の重大さに気付いた。

「これは全て出来レースであり、親父も弟も完全に騙されていて、〇一家によって完璧に嵌められている――」。私は率直に感じた。

そして3時間に渡って対談が始まった。

まずN子と義父母が私に向かって条件を提示してきた。

「今後どんな事が起こっても、お金は1円も一切求めないから別居か離婚をして下さい」

「子供達とは憲ちゃんの好きな時に会わせるから心配しないで」

しかし、これらは全てその場しのぎの口から出まかせだった事を、後に嫌という程思い知らされる。

私は既に嵌められているのではないかと強く思い始めていたので、N子と義父母が提示してきた条件を頑なに拒否し続けた。それと同時に、強い憤りと家族であるN子に裏切られたことが非常に悲しくなってしまい大泣きをしてしまった。

私はN子と義父母に向かってこう告げた。

「常に声かけや介助を要する働く事すら不可能な障害者になってしまった亭主である家族の事を救うのが本来の姿であり、それを簡単に放り捨てるなんて人の道から大きく逸脱しているとは思わないのか!?」

泣きながら声高に、特にN子に訴えかけはしたが、非常に素っ気なく、何とも思っていない態度であり、提示してきた条件の繰り返し同様の事しか述べず、その姿ややり取りを見ていた実父が私に向かってこう述べてきた。

「お前にはまだこれから大金（任意保険）が降りてくるので良いではないか。子供とは母親が一番たるものなんだからお前が育てるのは諦めろ。Nちゃん・Aちゃんとはいつでも会えるので良いではないか」

正に、何じゃそりゃ！　実父とは到底考えられない物言いであり、親父も完璧にN子と義父母側に廻って加担している有り様。全く持ってお話にならなかった悲しき事象に私はその場で絶句した。

仮にも私が逆の立場ならば、例え障害者ではなくとも、人様に迷惑をかけたり悪事を働いたりしているのでないなら、我が子を擁護し何が何でも守り通し、弁護・保護し代弁者になるのが親本来のあるべき姿だろう。


両家の対談が、にっちもさっちも行かないので私はN子と義父母、特にN子に向かって、何度も何度も念入りに再確認をしてみた。

「別居なり離婚なりをしたとしても本当に今後は一切、1円すら俺には金を求めないのだな？」

「本当に俺が好きな時に娘達とは会えるのだな？」

「俺が1週間で大切な荷物を全て纏めるまでは自宅に寝泊まりして良いのだな？」

念を押すように再確認を繰り返すと、N子と義父母は何度も何度も「約束は絶対に守るから心配はしないで」と言うので、遂に私はその言葉を信じ込んでしまい、極めて不服だったが諦めて納得をしてまった。これが大きな過ちであり、長い戦いの幕開けだった。


私が折れたと見た途端、事を見逃さない義父Oは持参してきたバッグから即座に「承諾書」なる物を出してきて「承諾書にサインをしてくれ」と私に迫ってきた。どこまでも計画通りの出来レースぶりには驚いたが、頑なに拒否をし、その承諾書にサインだけはしなかった。今思うと知的障害者ながら、おいそれと簡単にサインをする行為には警戒心を抱いたからなのだろう。


そして、このワンルームマンションから出たら成田市から来ていた車が既に停めてあったので、成田の自宅に帰ろうと乗車しようとしたら、N子が私に向かってこう述べてきた。

「こんな状態では今日は自宅に一緒に居られないから、今日だけはホテルに泊まって」

「着替える服すらなければ薬すら持ってねぇ、手ぶら状態なんだぞ！」

即座に私が声高に返すと、N子は車の後ろの扉を開けた。

「荷物は持って来ているから」

私はそれを見てビックリ仰天した。

なんと！　私が夏場に着るTシャツや短パンの全てが、所狭しとギチギチに大量に積み込まれているではないか！

「何なんだこれは！　今日、俺の夏場の全荷物を車に乗せて持って来いなんて、お前に頼んだか？　これは完全に綿密な計画通りの出来レースではないか！」

驚いて怒鳴ったところ、N子は繰り返し言った。

「こんな状態じゃ成田に戻って憲ちゃんと家には居られないじゃん！　お願いだから今日1日だけはホテルに泊まって！」

あまりの強弁に私は極めて不服だったが、N子のその言葉を信じ込んでしまい、夏場に着る大量の服からTシャツ1枚と短パン1枚だけを抜いて手に持った。明日、改めて取りに行けば良いかと安易な考えだったのを今でも非常に悔やんでいる。

因みに、この車の後ろの扉を開けられた時、義母がちゃっかり座っていたが、一言も発しなかった。両家の対談には顔を出さず、車の中で待機していたのだ。高野憲一を計画通りに嵌めて、都内に放り出す事に対して会わせる顔がなかったのだろう。

そして私ひとりを残し、車は走り去った。

別れた後、私はある重大な事に気が付いた。普段所持しているＧＵＣＣＩの財布に入れてあった自宅の鍵を抜かれていたのだ。

都内に放り捨てて「遺棄」する計画にあたって、前夜のうちに私が睡眠薬を飲んで寝ている隙を見計らって財布から密かに鍵を抜いたのだろう。即ち、自宅に自由に出入りさせないために……。どこまでも綿密に計画を遂行したのだと私はまざまざと知った。

そして、この晩はどうしたかと言うと、今でこそ縁を切ったが浅草に在住する一番の親友のＳに電話をし、事の経緯を全て打ち明けた。

すると、「ホテルなんて即座に探すのは手間取るから、とりあえずうちに来いよ！」と手を差し伸べてくれたので、私は早速、浅草へと向かった。彼の家には昔から浅草に遊びに行くと頻繁に泊まっていて、彼の母やお兄さん達も、いつも私の事を歓迎してくださっていて、非常に仲が良かった。

悪意のある遺棄② 自殺を覚悟した高野憲一

当時の私は一人ではカップラーメンも作れず、爪すら一人では切れない介助が必要な身であった。そんな人間が都内に放り捨てられ「遺棄」された訳だ。が、ひとまずは浅草の友人S宅に保護して頂き3日間は寝泊まりさせて貰った。

この3日の間に、O一家によってなされてきた事に対して様々な疑問点や違和感が沸々と沸いてきたので、私はN子に電話を入れた。

「お前が成田から都内に俺の夏場の着る物全てを俺の意思なしに勝手に車に積み込んで、肝心要《かんじんかなめ》の俺の命の代償であり重い後遺症を二点も残して障害者になってしまった代替え金である自賠責保険金の入っている貯金通帳と実印を何故に車には積み込んで来なかった？一体どういうつもりなんだ？　一刻も早く返してくれ！　それと娘達の親権が正式に決まるまでは、次女のAは当面は友人宅で面倒を見てもらいながら俺が育てる事で話は着けてあるので、ここは公平的しようではないか」

N子は承諾し、次の日に会うことになった。待ち合わせ場所――成田駅西口のすぐ目の前にある、いつも家族で使っていたパン屋の前――に約束の時間前に着き、突っ立って待った。しかし、約束の時間になってもN子と娘の姿は見えず、待てど暮らせど現れなく1時間が経過したので、私はN子に電話を入れた。

N子の態度は豹変していた。

「障害者なんかに、Aを預けられる訳がねぇだろ！　私の生活が落ち着いたら貯金通帳と実印はそのうち返してやるよ！」

約束を平気で破り覆す、非人間的な態度に私は愕然とした。

仕方なく再び成田駅から電車に乗って浅草に向かいトボトボと歩いて友人宅に戻った。

その晩は約束をいとも簡単に破られ悔しい思いと強い憤りを感じ、とうとう朝まで眠れなかった。

そして――。

様々な事を考え抜いた結果が「成田市内で飛び降り自殺」だった。

まだ隣でSが寝ていた早朝に、この友人宅（分譲マンション）の玄関で下駄を履きドアを開けて出ようとした、正にその瞬間にSの母親がスタスタ足早に歩いてきた。

「憲ちゃん！　こんな朝早くに一体どこに出かけるの？　顔付きが尋常ではなく物凄く殺伐としていて危険だけど一体何をしようとしているの？　突然帰る家を失い娘さん達も失い奥さんに裏切られて絶対に許せないと思うけど、私には何でも言ってよね」

優しき言葉をかけて下さった。既に顔付きに死相が漂っていたのを察知し、見抜いたのだと思う……。

ここで、私は一生忘れられない台詞を、泣きながらママに述べた（普段は愛称を込めてママと呼んでいた）。

「今生の別れ！　これまで長々と付き合って頂き誠に有難うございました。Sが起きたら楽しき思い出を沢山作れて非常に楽しかったよ、有難うと俺が述べていたと伝えといて下さいませ」

私はママに告げ、制止を振り切って浅草駅までタクシーに乗り成田駅へと向かった。

成田駅に到着し、既に飛び降りる場所は某マンションと決めていたが、何故だか熟知していた筈の自宅から近場だったそのマンションの名が……どうしても思い出せない。

ＪＲ成田駅西口が最寄りなのは間違いないと分かっていたので、せめて町名さえ思い出せれば何とかなると思い、いっくら思い出し考えて熟慮しても、その町名すら全く思い出せないという有り得ない事態に陥ってしまったので、自殺場所まで成田駅西口からタクシーに乗らなかった。と言うより躊躇してタクシーに乗れなかったと言う方が正しい。

未だに、神によって高野憲一は再び生かされたとしか理解できない。


困った私が成田駅でウロウロしていたら、今朝、隣で寝静まっていたSから電話がかかって来た。

「憲ちゃん！　母親に慌てて起こされて、『憲ちゃんが尋常ではない様子で危険過ぎた事をいろいろ聞かされた』って。今どこに居るんだよ？」

相当慌てふためいた様子だったので、私はSに返答した。

「仕事から酒の呑み方から遊び方まで徹底的に教えてやり、苦楽を共にし俺の一番の親友のS……。散々、呑みに行ったり海や旅行に行ったりしたのは良い思い出として昨日のことのように残っていて今の俺は十分に満足だよ。だが！　ここでもうお別れだ。俺は交通事故によって障害者になってしまい自賠責保険金を散々に渡って嫁と嫁一家に摂取され、ユスリタカリをされて、最終的に都内にTシャツ1枚と短パン1枚だけを持たされ捨てられ裏切られ、娘達を一瞬にして失ってしまったので絶望し生きる望みを完全になくした。俺は自殺する」

胸中を赤裸々に語るとSは、

「死ぬ事はいつでも出来るんだからとりあえず俺が行くまで待ってくれよ！　最後にもう一度だけ会おう。今居る居場所を教えてくれ！　速攻、俺は向かうから！」

気迫に満ちた言葉で告げてきたので私は折れた。

「今……京成成田駅の西口に居る」

そして京成成田駅西口を出てすぐ側にある立ち呑み主体の定食屋で彼を待った。

小規模ながら経営者だった彼は全ての仕事を放り投げて駆け付け、無事に合流を果たした。彼の形相は相当に焦っており、まずはこの定食屋のテーブルで徹底的に話し合った。

そこで彼に言われた。

「憲ちゃんよ、俺は昔っから言ってたじゃんよ。あの女（N子）は将来、憲ちゃんの事を必ずや裏切り仇なす女だから、結婚する前の今のうち別れといた方が良いよって」

それを聞いて私はハッとした。そう言えば、まだN子と付き合っていた頃、女友達にN子を紹介をした後、その女友達からも「危険な女だから決して隙を見せては駄目よ。くれぐれも気を付けてね」とN子の人物像を見抜いて、言われたことを――。同様な事を皆が述べていたのを一挙に思い出した。

「このまま憲ちゃんの事を放っとくのは極めて危険だから俺は暫く仕事を休むつもりだ。とりあえず今日はアパホテルに泊まろう」

Sにそう促されツインルームに泊まった。何故にツインルームをチョイスしたかと言うと、同じ部屋だと常に私の事を監視できるという配慮からだろう。

しかし、彼が駆け付けてくれても私の根本的な「死の誘惑」は払拭できなかった。早朝、Sが隣で寝ている隙を見て、アパホテルのロビーに行き、千葉リハビリテーションに電話を入れた。

「N子と義父母に薬も持たされず、都内にたったのTシャツ1枚と短パン1枚だけで放り捨てられてしまい帰る場所すら失い、行き場を失ってしまい、生きてる事に絶望したので命を断つ事に致しました」

「今一体どこに居られますか?」

「昨日から親友が駆け付けてくれて昨晩はアパホテルに泊まりました」

返答した途端に、「一緒に居るお友達に電話を代わって下さい」と指示されたので部屋に戻ると、私の姿が見えないことに気づいたSが部屋の中をウロウロしていた。彼に携帯電話を渡した結果……。

「今から即時千葉リハビリテーションにタクシーで来て下さい」となったらしく、アパホテルの目の前のタクシー乗り場からタクシーに乗ってSと私は千葉リハビリテーションへ向かった。

病院に到着したら既に何名もの病院スタッフが玄関先で待っていて物々しい雰囲気……。誘導されて病院の中に入り四名以上のスタッフに囲まれテーブルに座り、事の経緯を全て語った。グループ訓練の副部長である大塚先生などは話を聞いて落涙しておられた。

そして脳外科の主治医、和田先生がやって来て改めて話をすると、何やら書類をしたためて、「これを日赤病院の精神科に持って行って下さい」と、私ではなく同伴者のSに手渡された。この頃の私は千葉リハビリテーションの精神科ではなく、自宅からより近い病院をと大島先生が便宜を図って下さり、同じ薬を処方してくれる日赤病院の精神科に通っていた。

渡された書類を持ち、Ｓに見守られながら再びタクシーに乗って一路、日赤病院の精神科へと向かった。

到着すると即座に診察室に案内され医師の診察を受けた。

「死の誘惑から離れられないのなら入院をして頂かなくてはなりませんよ」

そう言われ——今だから正直に告白するが——、私は演技をした。

「ご心配をかけましたが、もう僕は大丈夫です！」

ハッキリとした声で告げたらようやく解放してくれ、その日の診察は終了した。

長い一日だった……。

診察が終わり、Ｓも自宅に帰り、帰れる場所がない私はアパホテルに泊まる事とし、3日間は泊まった。しかし、やはり根本的に死の誘惑から解き放たれていない私は、再び自殺をする強い意思を固め、改めて決意した。

次の日の早朝にはタクシーに乗り、「なるべく屋上のありそうな成田市内の高いマンションや建物に片っ端から連れてって下さい」と指示し、全て回ってはタクシーから逐一降りて建物に入り込み、よくよく吟味をし、いよいよそれが見つかった。

悪意のある遺棄③　死ぬか生きるか……

成田市の高い建物（主にマンション）を徹底的かつ念入りに見学・偵察して吟味し、飛び降り自殺先を抜かりないように改めて定め、その晩はアパホテルに1泊し、翌朝、部屋を出てロビーで最後の電話を入れた。

電話先は「成田市役所障がい者福祉課」。成田市で高次脳機能障害者の一人が悲惨な末路を遂げたことを後世に記録として残しておいて欲しかったからだ。

「我が国日本では高次脳機能障害は、まだまだ立ち遅れており理解されておらず世の中での認識度が極めて低く、抜本的に誰も助けてくれず普通に生きて行くのは非常に困難な世の中であり、僕のように悲劇の末路を辿ってしまった高次脳機能障害者の第二第三を生み出さないために！　僕が今から身を挺して礎となって命を賭して日本国に知らしめたいので、今から死にますので記録に残しておいて下さいませ。私の名は高野憲一です」

そう述べると、障がい者福祉課のHさんは慌てて、

「決して、早まらないで下さい！　まだ何らかの良い方法が必ずやある筈ですので一緒に考えて行きましょうよ！　お願いですから死を急がないで下さいませ！」

悲壮感漂う必死なる説得をされた（2時間は話し合ったと思う）。

そして、立て続けに「高野さん、今現在どちらに居られますか？」と何度も何度も問われたが、私は頑なに居場所を教えなかった（この、アパホテルのロビーに居る事を）。

電話を切り、一呼吸してロビーにあるソファーに座った。

そして意を決して立ち上がり、玄関に向かって歩き始めた。正に、その時！

「失礼ですが高野さんですか？」

見知らぬ男性に声をかけられた。

「そうですが、どちら様ですか？」

返答しながらふと見ると、「H」と書いてあるネームプレートが胸に……。

私はたまげて、

「もしかしてですが、成田市役所の障がい者福祉課のＨさんですか？」

恐る恐る尋ねたら、やはり、本人だった！

何故に私の居場所が的確に判明されたのか。恐らくは電話での会話が耳に入り、異変を感じたアパホテルのスタッフが成田市役所に電話を入れたのではないか……としか他に理由が見当たらない。

Ｈさんに半ば強制保護された形で日赤病院に連れて行かれ、大して日にちも置いていないにもかかわらず、私は再び精神科で緊急に診察を受ける事となった。

診察するのは女医であり、開口一番、「高野さんには本日より強制入院措置を取らせて頂きますがサインが必須条項なので奥さんの電話番号を教えて下さい」と告げられたので、私は即座にＮ子の電話番号をお伝えし、女医はその場で電話をかけ、Ｎ子が電話に出てやり取りが始まった。

「奥さん！　ご亭主の憲一さんは非常に危険な状態で、このまま帰す事はできません。本日このまま入院して頂くので今から日赤病院までサインをしに早急にお越し下さい」

そう告げはしたが、Ｎ子は「サインをしに行くのは絶対に嫌です！」と非人道的な返答。これには女医も絶句し、「旦那様が亡くなっても構わないんですか?」と説得し続けて下さったが、肝心要のN子は頑なに拒否し続けた。自宅から日赤病院までは車で僅か13分の距離なのに。

このやり取りを側で聞いていたのだろう、義父Oが電話に変わったようで、女医がまくし立てた。

「いくら義父でも血は繋がっていないのであなたが日赤に来て頂いてもサインをする権限はないのですよ！　事の重大さを分かっておられないご様子ですね！」

女医は目を血走らせながら怒っており、更に続けた。

「極めて人命を軽視した人達なんですね！　あなた方は追い込まれた障害者の命を何だと思っているのですか!?　私には到底考えられません！」

すると、何と！　ぶったまげた事にすぐに義父が一人だけで車で日赤にやって来た。しかし、改めて女医から「来て下さってもあなたには強制入院させるサインをする権限は何一つないのですよ。意味が分かりますか?」と告げられ帰された。

このままではサインなしで強制入院するしか他に手がないと示唆されたので、私は強制入院だけは拒み続け、代わりに便箋に長文を書いた。

文面内容は割愛するが、「私、高野憲一は今後絶対に自殺をする事だけは致しません。明日必ずや日赤病院に診察を受けに来ます」と書き記し、強制入院は免れた。

そして再びアパホテルの宿泊予約を取り、次の日、約束通り日赤に診察を受けに赴いた。

ここで私には心の変化があった。高次脳機能障害者たる知的障害者であり、同名半盲たる身体障害者の俺が、散々自賠責保険から着服・摂取され、騙され続けた挙げ句の果てに都内で悪意のある遺棄までされ、ここで自殺をしてしまったら奴等は更に喜ぶだけで、俺は単なる犬死になってしまうではないか！　日本全国の障害者の敵に負けてはならぬ！　沸々と闘争心が芽生え始めて来た。

まず着手したのが、N子に嵌められ無利息・無担保で義父Oに貸した100万円を取り戻すことだった。Oに電話を入れた。

「俺はアンタら親子の口車に載せられ嵌められて100万円もの大金を貸してやったが、速攻返してくれたまえ！　この自賠責保険の金は俺の生かされた命の代償金であり不治の病を二点も抱えてしまった障害者が、これから一人で生きていくための大切な金なんだよ！」

そう告げると、流石は1億3000万円もの借金を抱えて逃げ回っている多重債務者だ。こう返してきた。

「100万円のうち40万円は過去に憲ちゃんに貸してやったから60万円しか返してやらん！」

知的障害者だと思って滅茶苦茶な事をのたまってきたので私は即反論した。

「はぁ？　アンタに1円でも金を貸して下さいなんて頼んだ事が一度でも存在するのか？デタラメな事を言ってんじゃねぇよ！　盗人猛々しいとはこの事だよな」

真実を追及すると、今度は苦し紛れの言い逃れ。

「憲ちゃんがN子と同棲していた時代にN子が金を借りに来ていた」

これに対して私は真っ向から反論した。

「俺が実家に金を借りに行って来てくれなんざ一度たりともN子に頼んだ事はねぇし、そもそも、俺とは血も繋がっていないのに頼める訳がねぇだろうよ。仮にもN子が借りに行っていたなら同棲していた俺は即座にそれを察知する筈であり物理的に気付かない訳がない！　それにN子がアンタに借りた金なのに何故に俺に支払う義務が生じるのだよ。アンタの娘から直接返して貰えば良いではないか！　頭大丈夫か？」

強烈に反論し正論を講じたが、結局60万円しか振り込まれなかった。後に、この事案も裁判沙汰にまで発展する。


アパホテルに泊まり続けながら、俺は差別や人権侵害をされたのではないか？　と強く感じ、法務省を始めとする、ありとあらゆる行政団体に片っ端から電話をして直接赴く毎日が始まった。

例えば法務省から導かれて「千葉地方法務局佐倉支局」（以下、佐倉法務局と表記）には何度も何度も行った。

なかでも同局の女性職員Sさんは高次脳機能障害を熟知しておられ、極めて親身であり今件の一連の事柄を鑑みて即座に見抜かれた。

「よく聞いて下さいね、高野さん。これは非常に危険な状態です。高野さんは後遺障害等級第2級が認定され、自賠責保険3000万円が降りた重症の障害者です。今後、降りる筈であろう任意保険金は、かなりの金額に達するのは分かりきっております。奥さんを含む義父母の本当の狙いとは、財産分与の対象となる任意保険金なのですよ。このような介護を必要とする障害者になってしまった家族を騙して置き去りするのは保護責任者遺棄（扶助が必要な人物を置き去りにする行為）、つまり悪意のある遺棄なんですよ」

そう伝えられ、私は全身に雷が走った。

即ちこうだ。N子を含む義父母は判断能力のない俺から自賠責保険の３０００万円を引っ張れるだけギリギリまで引っ張って、俺にバレないように通帳やキャッシュカードから勝手に降ろし続け、頃合いを見て俺の親父や弟を作り話で欺き、都内に悪意のある遺棄をした。その真の狙いは任意保険金だった訳だ！　ここに来てN子と義父母の悪しき「魔の計画」が改めて明るみとなり、点と線が結ばれた。

立て続けに全てを見抜いたSさんは、「高野さん、貴重な自賠責保険から摂取や着服され続けた以外に他になくなっている物はありませんか？」と問われた。私が「悪意のある遺棄前夜だと思いますが、僕の財布から毎日使っていた自宅の鍵も密かに抜かれております」と返答すると、「判断能力のない人や知的障害者・身体障害者の方から、例え財布から鍵を抜いただけでも犯罪が成立するので成田警察署の刑事課に行かれたほうがいいですよ」とおっしゃり、そして続けた。

「高次脳機能障害の人達が遺棄されたり詐欺に遭ったりするケースが後を絶たないんですよ。奥さん達の狙いは任意保険金の財産分与なので、任意保険金が降りる前にお願いですから法テラスなどを使って弁護士を探して早急に雇用し、即離婚するんですよ！　約束して下さいね。お願い致しますよ！」

まるで母親のように、どこまでも暖かく親切に対応し、的確な指導をして下さった。

同時期にアパホテルに宿泊をしながら、成田市役所障がい者福祉課にも足繁く通って相談した。

「N子を含む義父母に、自賠責保険から既に400万円も騙されて摂取されたり着服されたりし、任意保険金が降りるであろう頃合いを見計らって、偽りの約束事を押し付けられ、都内にTシャツ1枚に短パン1枚だけで薬もないまま放置されました。法務省や佐倉法務局やいんば中核地域生活支援センターの人々に全てを語った結果、これは悪意のある遺棄だと述べられました」

当時の成田市役所障がい者福祉課の方々は、とても親切であり、その場でN子に電話を入れて下さる事も珍しくなかった。

「奥さん、旦那さんは非常に危険が続いており障害者に対してこんな酷い事をして心が痛まないんですか？　このまま旦那さんを放置しておいたら自殺までしてしまう恐れがあるので、即座に成田市役所にお越し下さい！」

しかし、N子の返答はこうだった。

「旦那が怖いから行けません」

正になんじゃそりゃ！　お得意のその場しのぎの詭弁を講じる。

「奥さんね、怖い怖いって何ですか？　怖いと言っても我々職員が立ち会いのもとに話し合うんですから怖いなんて理由はどこにも見当たりませんよ」

職員も呆れ返っておられた。こんな光景を私は何度も見て来た。

障がい者福祉課に限らず、N子はあらゆる行政団体から電話が来ても「怖いから行けません」たる口から出任せの繰り返しで凌ぎ続け、しまいには電話に出ることすらしなくなった。親子揃って私に対して行って来た数々の悪行が露見される事を非常に恐れたからだろう。

例えば佐倉法務局の職員Kさんなどの見解はこうだ。

「普通、行政団体から電話がかかってきたら、その場では出られないとしても後から必ずかけ直して来るものなんですが。余程、自分自身に非があり、その事の過失責任を十二分に認識しているから電話にもマトモに出られないんでしょうね。何も悪い事をしていないと認識している人なら正々堂々と話し合いますからね」（正に正論）

悪意のある遺棄④　貯金通帳と実印を早急に取り戻せ！

様々な行政機関（特に佐倉法務局・法務省）などの人々の的確なる進言や助言によると、N子を含む〇一家の真の狙いはこうだ。

「これから高野憲一さんに降りるであろう莫大な任意保険金からの財産分与ですので、とてもではございませんが、高次脳機能障害者がお一人では太刀打ち出来ない。障害者なんて何とも思っていない極めて悪質な人達ですから、早急に法テラスなどを使って弁護士を探して雇い入れて下さい。絶対に約束を守って下さいね！　お願い致しますよ」

Ｏ一家の悪しき計画が白日のもとに暴かれた以上、私は弁護士探しに奔走した。そして、千葉県では大多数を占めている千葉市中央区の法律事務所にロックオンしてみた。


まず着手したのが交通事故以来、日々私に付いて任意保険の交渉をして下さり、最前線で戦っておられた弁護士のＫ先生の法律事務所に相談しに赴くことだった。

「先生、僕は自賠責保険金の３０００万円からＮ子を含むＯ一家によって散々に摂取・着服され、挙げ句の果てに都内に計画的に釣り出され、『お金は１円も求めない、娘達とは好きな時に会わせる』と偽りの約束事を押し付けて来て、薬も持たされずに、たったのＴシャツ１枚と短パン１枚だけ持たされて都内に放り捨てられてしまいました！　数々の行政機関に直接赴いて相談をして来たのですが、これは離婚を大前提とした財産分与の対象になる任意保険金が本当の狙いであり、悪意のある遺棄ですと、どこの行政機関に行っても同様な事しか言われない危険な状況なので助けて頂けませんか？」

懇願しそう告げたところ、Ｋ先生はおっしゃった。

「奥さんが、こんな酷い事を行ってしまうとは考えられませんねぇ。確実に悪意のある遺棄なのは間違いないのですが。しかし、大変心苦しいのですが、まだ籍が一緒なので法的にどちらの味方にも付けないんですよね……」

私はギョッとして、そういうもんなんだと落胆したところ、K先生が「この危険な状況で私が今出来る事は、後見人か補佐人を立てる佐倉裁判所への書類手続きですので、今すぐに書類を作成致しますよ」とおっしゃって下さったので、私は後見人と補佐人の違いを色々とお伺いした。

後見人だと余りにも権限が強過ぎて私の自由が制限されてしまうので、補佐人を選択し、K先生は書類を即座に作成して下さった（補佐人は私の実父とした）。

そして実父に全ての事情を話し、数日後に実父と佐倉裁判所に赴き書類を提出したところ……。驚いた事に「お父さんでは平等性に欠けるので補佐人は我々が用意致しますよ」と、あまりに意味不明な事を告げてきたので我々親子は不服に思い、それを断った。即ちN子との離婚を佐倉裁判所は既に予見していたから、こんなふざけた事を告げてきたのだろう。

いずれにせよ、任意保険金が降りる前に危険極まりないN子との離婚を片付けるのが急務であり、民事の弁護士を探さなくてはならないので私は様々な弁護士達と会い相談を繰り返した（13人ぐらい）。

それと同時にアパホテル住まいや様々な土地の友人宅に泊まらせて頂き、世話になり都道府県を転々とし続けた。家なし放浪生活に私はホトホト疲れ果てた……。

歩き過ぎたせいで下駄の鼻緒は切れる寸前、紙袋1枚だけ持って、着替えはTシャツ1枚と短パン1枚の殆ど毎日同じ服状態。この時の着の身着のままの家なし放浪生活を強いられた非常に辛い時期を、私は一生忘れないだろう。

毎日のように泊まる場所も違えば、身の休まる所がないという、こんな暮らしをいつまでも続ける訳には行かないと思い、私は決めた。

それは物件を買う事であった。アパート暮らしでは一生に渡り家賃を吸い取られるだけでもったいないと思い、物件さえ持てば一生安堵して暮らせるし財産にもなると高次脳機能障害者なりに計画を立てた訳だ。

当初は実家が杉並区のバリバリの都内っ子なので沢山の高野家一族や友人達が居住している都内も熟慮して考えたのだが……。

成田市は福祉に特化している有名な市なので、障害者になってしまった私にとって、ここは下手に動かない方が良いな……と意を決して住まう場所は成田市と決め、成田市の不動産屋を検索しては片っ端から電話し、不動産屋に赴き、物件内覧を毎日繰り返し行った。

今後、任意保険金が一体いくら降りるのかも見当が付かない中で、既に働く事が出来ない就労不能たる障害者の私にとっては、〇一家に摂取され続け残された自賠責保険は一生生きて行く上で命のように大切な貴重なお金なので、逆算しながらよくよく物件と価格との戦いに明け暮れた。

そして、様々な不動産屋にて沢山の物件と価格を見て来た結果、一番親切で親身だったのが成田駅前の「三井のリハウス」であり、私は三井のリハウスに一本化し、3LDKの安い分譲マンションを一括で支払い購入した。この時交渉し、一括で支払う代わりに90万円を割り引いて頂ける事に成功した。

因みに、ここの物件は成田駅の隣の「公津《こうづ》の杜《もり》」が最寄り駅であり、駅まで歩くとなると優に20分はかかるし、たまげた事にバスが1日3本しかなく非常に不便なので、病を理解してくる新しい嫁さんが出来たら新しく物件を購入し、ここは引っ越そうとは常日頃考えてはいる。

この物件を購入するにあたって、以前N子を含む〇一家によって都内に悪意のある遺棄をされた時に、何故だか車内に私の夏場の荷物だけが搭載されていて、一番の肝心要の自賠責保険金が入っていた貯金通帳と実印が入っていなかったので、これらをN子に握られていては、文字通り「虎に翼」たる連中の事だから好き放題やりたい放題、勝手にガンガン降ろす筈だから早急かつ即座に貯金通帳と実印を奪還せねばならなかった。

私はN子に電話をかけた。

「都内に悪意のある遺棄をしておき夏場の荷物だけ持って来た中で、何故に一番肝心な障害者になってしまった代償金の全てが入っている貯金通帳と実印を、あの日持って来なかったのだ！　要するに、これから徹底的に貯金通帳と実印を使って金を降ろそうとしているからなんだろ！　つか、悪意のある遺棄をしてから既に降ろし始めているだろ？　俺は成田市で物件を買うからキャッシュカードでは大金を降ろせないので今すぐに貯金通帳と実印が大至急、必要なんだよ！」

語気強く荒らげて告げると、

「今、親戚の家の蕨市に出かけているから返せない」

「では何時には成田に戻って来るのだ？」

「分からない……分からない」

一向に埒《らち》があかない有り様であり、すっとぼけているのが見え見えだったので更に私は追及した。

「では明日の早朝に貯金通帳と実印を取りに行くから手渡してくれたまえ！」

「明日は家には誰も居ないから無理！」

「では明後日に成田駅に俺の貯金通帳と実印を持って来い！」

「明後日は朝から用事があるから行けない」

何が何でも私の貯金通帳と実印を返す気はサラサラないんだ、と悟った私は電話を切り郵便局に向かった。

郵便局に着き、これまでの経緯と全ての事情を説明した。

「妻に騙され僕の貯金通帳やキャッシュカードから勝手に降ろされたり、散々摂取・着服され続けられてしまい、最終的に都内に悪意のある遺棄をされ、未だに僕の貯金通帳と実印は妻の手元にあり、まだまだ勝手に降ろすつもりの危険な状態なので取り戻す事を手伝って頂けませんか？」

するとと女性の郵便局員は、これは尋常ではない事態で障害者が完全に騙されていると重く見て下さり、その場で即座にN子に電話をかけて下さった。その結果ようやくN子も観念したのか、自宅に居る義父に手渡して持ってくる形となった。

(そもそもN子は親戚の家なんざに最初から居なく、自宅に居て、郵便局員からの電話には流石にお得意のその場しのぎの嘘を返答出来ず、かつ私には親戚の家に出かけている嘘がバレてしまうので、その場に居た義父に手渡すように頼んだのは最早バレバレな話)

私は即座に成田駅前からタクシーに乗り込み貯金通帳と実印を取り戻しに向かい、無事に取り戻した(貯金通帳を見ると随分と減っており、金が降ろされていた事も確認出来た)。

N子が把握していたキャッシュカードの暗証番号は、何をされるか分からないことを警戒し、後に変えた。

分譲マンションを一括払いで購入したは良いが、中はガラガラのカーテンすらない状態で、布団すらないので、短パンとTシャツを丸めて枕代わりにして毎晩和室で寝ていた。

次は私の全ての大量の荷物を取り戻さなければならない。悪意のある遺棄をされた時、義父にしたためて書いた文書内容は「憲ちゃんの住所が決まったら荷物を責任を持って送り届けます」だったので、私は義父に早速、電話を入れた。

「俺が重い後遺症を残して障害者になってしまった代替え金の自賠責保険が入っている貯金通帳と実印は何とか取り戻したが、アンタらのお陰でこれまで過酷な生活を強いられ大変な苦労をした。ここに来て晴れて成田市に物件を購入し住所も完全に決まったので、早急に俺の荷物の全てを送ってくれたまえ」

そう告げたところ、滅茶苦茶ぶったまげた義父は言った。

「憲ちゃんの荷物でしょ。全ての荷物を返して欲しいなら憲ちゃんが引っ越し代は支払うべきだ！」

何たる物言いだろうか。正に極悪非道とはこの事に尽きる。

いい加減、私は義父に怒鳴ってやった。

「アンタが自ら作成した文書であり、悪意のある遺棄まで計画的にしといて挙げ句の果て己自身で書いた文書にも責任を持てんのか！　ではこの文書は一体どこのどいつが作成したのだよ！　答えてみろ！　アンタ、俺が障害者だと思って随分とやりたい放題しているが障害者を虐待し続けていて一体何が楽しいんだよ！」

あまりの怒りように、義父はようやく私の全荷物を引っ越し屋に依頼する事を認め、期間を少し置いたが待望の私の大切な全ての荷物が、ひとまずは送られてきた。
総じて悪意のある遺棄をされて以来ここまで1ヶ月が経過していた。
即ち私はこの1ヶ月間、殆ど毎日同じ服を着ていた事になる。

高次脳機能障害者の独り暮らしの始まりと介護ヘルパーの到来

○一家から何とかして取り戻した私の荷物が引っ越し屋により搬入されては来たが、私がこれまで購入してきた家具や電化製品が何一つ送られて来ない由々しき事態に気付いた。特に、冷蔵庫。暮らして行く上で冷蔵庫がない生活は現代社会では成り立たないのは誰もが認識している必要不可欠の電化製品。
早速、改めて荷物を送るように電話を入れてみたら、戯れ事からの嘘八百デタラメだらけを講じてきた。だが、何とかして、唯一テレビだけは返してくれた。

このような障害者への虐待や差別、人権侵害を平気で行えるN子を含むO一家に対し、これ以上何を言っても無駄だと思い、新居も構えた事だし、ここは心機一転し全ての電化製品・家具・生活必需品を新しく購入する事を決断した。

カーテン1枚すらない3LDKの部屋に大量の家具と電化製品を購入するに当たって、何も考えずに闇雲に購入してしまっては必ずや失策する筈だと強く感じたので、まず電動自転車とメジャーを駅前のイトーヨーカ堂で購入する事からはじめた。

具体的な理由と根拠は、車を運転する事すら不可能になってしまった今の私は、朝昼晩の食料品を購入するのに徒歩では余りにも手間がかかり大変だったうえ、「ヤマダ電機」や最寄りの家具屋「かねたや」、「ニトリ」、「イトーヨーカ堂」、「マツキヨ」ともなると非常に難儀で大変困難なので電動自転車を足とする必要があったからだ。

メジャーは、何もない自宅内部の各部屋の間取りから精密な図面を作成する必要があったからで、3LDKの各部屋を縦横くまなく何度も何度も計測しては図面に綿密かつ精密に書き記す作業を行った。

いざ、大きな図面が完璧に完成し、いよいよ私は本格的に始動した。

高次脳機能障害者は記憶を保っているのが大変難しいので、メモ帳とボールペンは常に持ち歩く必須アイテムであるのは基本中の基本なのだが、私の場合、未だに日々多用し駆使しているのが携帯電話のメモ帳だ。もっとも、メモ帳に書き記した事自体、忘れてしまう事もあるのだが習慣癖を身に付けるしかない。

メジャーを常に持参して電動自転車に乗っては、「ヤマダ電機」「かねたや」「ニトリ」「イトーヨーカ堂」「マツキヨ」に朝早くから出向いた。

日常生活を送るのに絶対必要不可欠な爪切りもなければ、トイレットペーパー・ティッシュペーパー・歯ブラシ・タオルすらないという無いない尽くしだったので、莫大な品を揃えるのは非常に困難を極めた。毎日、その日の課題を携帯電話のメモ帳に保存したりメモ帳に書き記したりしては、それに向かって1日をクリアして行く日々は常に真剣勝負そのものだった。

まず、着手したのがカーテン。家の中が丸見え状態なのは防犯上危険この上ないので各部屋に見合ったそれぞれのカーテンを「ニトリ」で購入し、寝る布団すらない状態なので家具屋でベッドを買い、「ヤマダ電機」で冷蔵庫を購入した。

こうして様々な店に、それこそ数え切れない程、すぐに道に迷ってしまう病を抱えながら電動自転車1台だけで、果てしなく往復を繰り返した。しかも暑き夏場！

予め各部屋を縦横のセンチメートル単位で精密に測り図面を作成しておいた事が効を奏し、サイドボードからテーブルからソファーまで、ありとあらゆる大量の家具と各種の電化製品を設置するのには、さほど失敗はなかった。

それと同時に日常生活を過ごす中で一番困ったのが、洗濯物を畳む事やベッドのシーツをキチンと嵌める事だった（未だに克服出来ないでいる）。

病を患う前は簡単に出来た事が出来なくなってしまい、高次脳機能障害者の独り暮らしは難儀を極め、どうしても人様の手助けが急務だったので、暫くはシルバー人材センターに依頼したが、家事が出来ない事もあって家政婦も検討し始めた。高次脳機能障害者は物の組み合わせが極めて苦手なので、洗濯物を干す事は何とか出来ても畳む事が出来なかったりする不可解で厄介な病でもある。

だが、家政婦にせよシルバー人材センターにせよ費用がバカにならないので、私は成田市役所の障がい者福祉課に「高次脳機能障害者の独り暮らしが支障をきたしていて生活がマトモに送れないです」と頼み込むように相談してみたら、以前にアパホテルのロビーで私を保護して下さったHさんがもう一人の職員を連れて私の自宅に訪問してくださる事となった。改めて診断書を提示し、お二人は親身になって私の困っている現状に耳を傾け、話を聞いて下さった。その結果、「介護ヘルパーを探して派遣する努力をします」と述べて下さった。

お越しになられたHさん達は、今私が置かれている生活状況を重く見て下さったようで、比較的早い段階で介護ヘルパーを見つけ出して下さり、始めは週2回からスタートした（後に週3回になる）。

高次脳機能障害・同名半盲の私の生活状況は介護ヘルパーの到来によって一変し、例え1回につき僅か1時間半でも、それは貴重な時間であり、手料理をはじめ買い物から裁縫まで非常に助けられた。Hさん達には未だに非常に感謝をしている。

並びに私への介護ヘルパー派遣を引き受けて下さった事業所の「パラダイスドリーム」さんには感謝の念を拭えない（現に未だにお世話になって助けられている）。

家内部作りの話に戻るが、私が購入した分譲マンションの浴室には何故だか鏡がないので剃刀で髭を剃る行為に困っていたのと、洗面所にタオルを掛けて置く棒がないのと、玄関先にレインコートなど物を掛けて置くフック式の棒がなかったので、リフォーム会社を検索するとトントン拍子で良い会社が見付かり、見積もってもらって早速リフォームして頂き、それぞれキチンと設置して頂いた。

そして、歴史が趣味の私ならではの掛け軸・軍配・鉄扇・四振の模造刀・軍旗を飾る床の間がなかったので、和室の畳を一畳取り除いて床の間を設置するリフォームも依頼した。（裏表紙の写真が和室の床の間）

同時期に和室には、成田市では有名な「江森社寺彫刻」に依頼して神棚を造ってもらい、設置して頂いた（因みに私はバリバリの神道）。

そんな訳で家内部作りに、日々朝から晩まで大奮戦していた最中、佐倉裁判所から衝撃的な通知が届いた。

早速、封筒を開けて中身を読んでみた……。

悪い夢でも見ているのかと思い、何度も何度も読み返した。

私はビックリ仰天の驚愕の事態に陥り頭がクラクラした。

それはN子からの婚姻費用（別居中の生活費）の申立であり、その請求額とは、何と！

毎月20万円たる有り得ない金額の請求であった。

N子を含むO一家とは3時間に渡って話し合い、「お金は1円も求めない」たる約束を交わしたにもかかわらず、早速いとも簡単に約束を反故にし、佐倉裁判所を使ってまでして今度は法的手段・角度から「悪しき魔の計画」の第二弾を始めた訳である。

知的障害者に身体障害者になってしまった家族である亭主を救うどころか、悪意のある遺棄までしておいて、その上まだ私の虎の子である自賠責保険金をユスリタカリしたいという、到底考えられない極めて悪質な非人間的行為に私は絶句した。

恐らく私が物件を購入したので、任意保険が降りたものだと狡猾な読みをし（この時点ではまだ降りていない）、20万円たる有り得ない婚姻費用の申立を発動したのだろう。

それにしても、人道を外れた何たる打算的な愚か者の思考回路であり、どこまでも卑怯な障害者虐待を地で行く悪しき連中なのだろうか。最早、N子は同じ日本人だとは私は完全に思わなくなってきた。

だが、これは裁判所となると極めて危険なので、家内部作りを著しく制限し、一度止まっていた弁護士の選任を本格的に開始した。

「N子は、いとも簡単に約束を反故にし、悪意のある遺棄をした時に、『お金は1円も求めない、好きな時に娘達とは会わせる』と約束を交わしたのは全ては真っ赤な大嘘であり、遂には婚姻費用を毎月20万円など有り得ない金額請求の申立をして参りましたよ！」

様々な弁護士に話すと、皆こう言った。

「働きたくとも働く事が出来ずに収入が一切ない障害者の高野憲一さんの大切な自賠責保険金から摂取するだけしておいて、用済みとばかりに任意保険金からの財産分与狙いから都内に悪意のある遺棄までしでかしておいて、まだ搾り取ろうとしてくるなんて……。極めて悪質な人間達であり、憲一さんはとんでもない女に関わってしまいましたねぇ。気の毒過ぎます」

「いやはや、えげつない女ですねぇ。私でも聞いた事が皆無でして全てが後出しジャンケンですが、よくもまぁ佐倉裁判所も棄却をしなかったもんですよ」

「当初は自賠責保険金を徹底的に掠め取るつもりが、欲が出始めてきて任意保険に矛先を変えたんですね。任意保険金が降りたら、こんな女の事だから平気な顔をして何千万円も吹っかけて来るのは明白ですから、くれぐれも注意して憲一さんの財産を守って下さいね」

「そもそも佐倉裁判所で、就労不能の障害者の憲一さんから毎月20万円を支払う事とする、なんて判決は下されないからご心配なさらないで下さい」

先生達は一様にN子と黒幕の義父に対して非難轟々で怒っており、私は各先生達に尋ねてみた。

「一体、毎月20万円もの婚姻費用を支払うって、どんな身分の方達なら裁判所でも通る話なんですか？」

「大企業の経営者でも通るか通らない額なんですよ」

そう返答され、様々な見解を聞いて、これは何が何でも早急にN子との離婚を急がねば俺は身ぐるみ剝がされてしまうぞ！　と強く危機感を覚え、相談した中で穏やかそうだったH弁護士に依頼した。

同時に佐倉裁判所から「補佐人を付けて下さい」とやたらと押して来るのでH先生に相談すると、大学生時代からの友人であり、高次脳機能障害を認識しているS弁護士を選んだようで、私のよく分からない水面下で既に補佐人候補としてあがっていた。

そして、診断書を裁判所に提出し、補佐人が正式にS弁護士に決まった。先生は早速自宅に来て、徹底的に私の生活状況や毎月かかる生活費を1円単位まで調べ尽くし、実態を調査し、私の財産管理をされる事となり、貯金通帳と実印の全てを預け、その預けた中から毎月20万円をS弁護士から振り込まれる事となった。

ここで要注意なのが、社会問題にもなっているが「判断能力のない人」が後見人や補佐人を立てるのは良いが、仮にも「補佐審判取り消し」を裁判所に申し立て、その取り消しが認められ、なまじか大金の財産を管理運営されていたら、その間の費用をゴッソリと持って行かれてしまう事になる。

私の場合、後に補佐審判取り消しで揉めた時、佐倉裁判所に「何故にこんな短期間で500万円もかかるのだ！　それぞれかかった費用を記した書類を出したまえ。働く事すら出来ない人間から500万円を取るとは如何なものか。早い事、生活保護受給者になれば良いと思っているのか！」と述べたが、佐倉裁判所の職員は聞く耳を持たず、「異議申立すら出来ませんから」と、更に追い込む台詞を述べ、冷酷にあしらわれた。

従って「後見人や補佐人」を検討されている知的障害者や身体障害者の方々は入念に熟慮してから申し立てて下さいませ。

現に私は補佐審判取り消しが認められたは良いが、500万円もの大金を支払わされてしまったのだから。

話は多少ズレたが、N子との離婚に向けて民事の弁護士に補佐人の弁護士に交通事故たる三人の弁護士達を抱えた事になり、N子とO一家の「悪しき魔の計画」を打破する土台が出来上がり、戦機が熟してきた。

離婚調停　「妻N子」との離婚が決定！

先の佐倉法務局の指示通りに私は成田警察署に電話を入れて相談をした。

「判断能力のない僕は散々に渡って自賠責保険金を摂取され、勝手に貯金通帳やキャッシュカードから金を降ろされ続け、経済的虐待をされ、障害者を拒絶したり侮辱したりする言葉や態度を取られ心理的外傷を受け続け、わざと無視されたり常に悪口を言われ続けたりし、挙げ句の果てに最終的に任意保険金狙いから様々な身勝手な約束事を押し付けられて、たったのTシャツ1枚と短パン1枚だけで都内に悪意のある遺棄をされました。どこの行政機関に相談しても『判断能力のない人から例え財布から鍵を抜いただけで犯罪ですから』と告げられたので障害者虐待防止法に基づいて刑事告訴をしたいのですが」

そう述べると「全ての診断書や障害者手帳をお持ちになって下さい」と返答されたので、後日私は刑事告訴をするための文書を便箋10枚に書き上げて、高次脳機能障害や障害者虐待防止法の大量のパンフレットと診断書を持ち、再び成田警察署に赴き、これまで妻N子を含むO一家（N子と義父母・義弟）にされた事を全て話して刑事告訴をしてもらうように提出した。（この時の刑事告訴の文書は第四章336ページに掲載）

だが、刑事課も含め成田警察署の警察官達は全く持って高次脳機能障害を理解しておらず、理解してくれる素振りすら皆無だった（高次脳機能障害は判りづらい病と我が国日本では謳われているが、正にこれがそうだった）。そして刑事や警察官は「弁護士を連れて来て」の一点張りで全くお話にならず、悪人を捕まえて弱者の守るのが警察官たる概念がガラリと一瞬で崩れ落ちた。

被害を被った弱者の声に耳を傾けず、何ら捜査すらしない。妻N子に真実を確かめるために問い合わせ、確認作業を行ったりするなどのマトモな行動すらしてくれないものなんだと強い憤りを感じて帰宅した。職務怠慢とも言える態度は市民からの信頼を大きく失墜するだろう。

そんな訳で成田警察署は被害届を受理してくれなかったので、翻って民事の弁護士（H先生）と補佐人の弁護士（S先生）に頼み、妻N子との離婚調停に向けて手続きに乗り出した。

H先生とS先生と三人で協議を重ねた作戦会議で、私は「お金は1円も求めない」のが妻N子を含むO一家に都内に遺棄をされた時の約束だった事を改めてご両人に強く伝達し、「僕は1円すらN子に支払う気はサラサラないですよ」と意思を伝え、「好きな時に娘達と会わせると約束してきたのは僕ではなくN子本人ですので、二人の娘達とは最低でも月に4回は会いたいです」と強調し、確固たる意思をお伝えした。

が、先生達の見解では「娘さん達とは月2回の面会交流が限界だと思いますよ」に「お金は1円も求めないと奥さんは憲一さんに述べては来ましたが、この女は前例にない程狡猾ですから、必ずやお金を要求して来ると思いますよ」たる見解を示した。

そして、イザ！　離婚調停が佐倉裁判所で始まった。

我々三人が座った途端、乗っけからぶったまげさせられた。

三人の調停員達が「憲一さんに任意保険が９０００万円降りたようですが財産分与の対象になりますからね」と来たもんだ！

早速、私の民事の弁護士と補佐人の弁護士は、「はぁ？　何の事ですか？　まだ任意保険は係争中ですよ」と調停員達の前で当然の如く本当の事をおっしゃって下さった。

「これは純然たる悪意のある遺棄であり、その慰謝料が発生するので養育費は支払えません！　常に介助が必要な障害者のご本人が奥さんに騙されて、どれだけ傷ついたか理解出来ますか？」

そう私の診断書の数々を並べて弁護して下さった。

佐倉裁判所は障害者並びに高次脳機能障害を全く理解しておらず、理解しようとすらしない。弱者の声に親身になって耳を傾けてもくれず、平行性に著しく欠けていると実感した。

話は戻るが、我々三人の要望を聞いた調停員達は、別室に居る妻N子の所に何度も行くことを繰り返す。

そして、N子の要望を聞いて調停員達が再びやって来て我々三人は改めて驚いた。

悪意のある遺棄した時の約束事では「お金は1円も求めない」筈が、何と！　３００万円もの大金を要求してくる始末。挙げ句の果てに「毎月娘達とは会わせたくない。３ヶ月に一度」たる余りにも障害者を馬鹿にしきった回答だった！

ここで一旦、休憩に入り我々三人は裁判所の外にある喫煙所で作戦会議をした。

二人の弁護士の見解はこうだ。

「向こうにはまだ代理人が付いていないと思います。あの女の真の狙いは、これから降りるであろう憲一さんの多大なる任意保険金なので、このまま離婚調停が半年など長引き、その前に任意保険金が降りてしまったら憲一さんは千万単位の大金を失う可能性も生まれてくるので、約束を破られてしまい極めて不服でしょうが、憲一さんの未来の財産を守るために奥さんの３００万円の要求を呑んでみたら如何でしょう？」

私は究極の選択を迫られた。まだいくらの金額が降りるか分からない任意保険金の中から何千万円も失う事だけは絶対に避けなくてはならないので、非常に悔しいが図々しくも３００万円を要求してきたN子の要求を呑む事とした。

娘達との面会交流については「月に一度も会わせないなんて事はさせませんから任せて

おいて下さい」と二人の弁護士に告げられ、時間が来たので再び離婚調停が開始された。

私は調停員達に向かった。

「N子の300万円の請求は、そもそも支払う必要性が皆無であり極めて不服だが、敢えてそれを呑んでやるので娘達とは月に3回は会わせるようにN子に伝えてくれたまえ」

正々堂々と語り、それに追従し二人の弁護士も弁護をしてくれた。

その話を持って別室に居るN子の所へ調停員達が行き、暫くしたらまた調停員達が戻って来た。

「娘さん達との面会交流は月に1回程度会わせると約束をして参りましたが、如何致しますか？」

「1回程度って余りにも曖昧過ぎるのだが、どう捉えれば良いのだ？」

「面会交流は月に2回でも良いんですよ」

判断能力のない私は簡単に捉えてしまい、月2回の面会なら良いか……と誤った判断をしてしまい、これが今後、長き裁判闘争となるとは、この時点では全く読めなかった。

N子は私から金さえ引き出せば後は知らぬ存ぜぬの人間だったが、流石に裁判事項は絶対に守るだろうと安易に考えてしまった。これが未だに非常に後悔している大失策だった。我々はN子の言葉を信じて「私が一括で３００万円たる大金を渡し娘達とは月１回程度会う」とし、平成24（２０１２）年11月12日に離婚調停が成立した。

こうして、悪意のある遺棄をされて以来1年半ぶりに、かけがえのない二人の愛娘、NとAと再会を果たした。

これまで、私はNとAの誕生以来、「本当の優しさとは厳しさ」や「日本人としての気概（アイデンティティ）」や「日本の伝統や歴史や文化」教育を全面に押し出しつつ、ありとあらゆる遊びや様々な場所に連れて行って二人の娘に多大なる経験や刺激を与え続けた父親としての自負と誇りがあった。

子煩悩と謳われていた私にとっては至福の瞬間であり、三人で手を取り合い抱き合った。

最初の面会交流場所は最寄りの「公津の杜公園」であり、次に私の自宅だったりと、決して電車に乗っての遠出はさせてくれなかった。

私は障害者になったといえ、二人にはまだまだ沢山の様々な刺激や体験をさせてあげたかった。上野動物園のパンダや、生まれた時以来、定期的に参拝をして来た香取神宮、そのほか豊島園やサンシャイン水族館など、まだ二人を連れて行った事がない場所が盛り沢山に存在したので、N子に「二人には大人になるまで色々な物をその目で見させて体験させ、様々な刺激を与え続けたいので色々な場所に離婚をする前と同じように連れて行きたい」と、どこの親でも普通に考える計画を告げたら、「遠出は絶対に駄目！」たる見解を示し、「障害者なんかに娘達を預けられるかよ！」と差別をされた。

そして途端にN子の態度はガラリと変わり、同時に電話の着信拒否もされた（未だに繋がらない有り様）。

仕方ないので面会交流の日取りや待ち合わせ時間を決めるのがメール1本になってしまい、更にN子の嫌がらせが激化してきた。

面会交流の日取りを決めるのに極めて非協力的になり、決めようにも「その日はお別れ会」や「誕生日会」や「お婆ちゃんと会う日」など、私よりも友達が優先であり、私が「そんなに毎日のように誕生日会やお別れ会が発生するもんなのかよ！　NとAの実の父は俺だけなんだぞ。月に1回から2回しか会えない俺の事を第一優先にしなくては何のために支払わなくても良かった、お前から要求された300万円もの大金を支払ってやったのかわからない。裁判事項をキチンと遵守しろよ！」とメールで告げた瞬間、N子は何ら返信もして来ずに面会交流を無視して来た。

娘達は私と会うのを非常に楽しみにしており、特に次女のA（当時4歳）は私にベッタリ状態であり、長女のN（当時10歳）は性格も顔も私ソックリそのままだった。

N子により再び私と娘達との仲を分断されたので早速、離婚するまで私に付いていた民事の弁護士に電話を入れて相談してみたところ、「佐倉裁判所に履行勧告の電話を入れてみて下さい」と指示されたので佐倉裁判所に電話を入れ、佐倉裁判所からN子に電話をしてくれはしたが……N子は定番の嘘を並べて、その場を凌いだ。

離婚してから僅か三度しか娘達とは会えずに、もうこのざま。


佐倉裁判所では全く埒があかないので、再び弁護士に相談したら「面会交流の申立」をされて下さいとの指示を頂いたので、私は佐倉裁判所に面会交流の申立をした。

N子は本当に私を疲れさせる。

そして、期日が来て佐倉裁判所で調停員三人を相手に面会交流の調停が始まり、私は精一杯熱弁を奮った。

「私は面会交渉権を得ている筈であり、就労不能な私の大切な３００万円もの大金をN子に要求され、一括で支払った。障害者に対して心理的外傷を与えてはならないとはあなた方分かりますか？　何のためにN子の言葉を信じて離婚をしたと思いますか？」

私はどこまでも正論を講じた。

そこでN子は「月に1回は会わせます」と調停員達に告げたらしく、私は、またその場凌ぎの嘘だろうと思ったので不服だったが、「間接強制」をかけたいと調停員達に告げた（即ち毎月1回でも会わせなければ5万円のペナルティー）。

「本当に会わせるつもりがあるのなら、いくらペナルティーが科せられても何ら問題はない訳でしょ？」と述べると、調停員達はN子の居る別室に行って、再び話を持って帰って来た。

「奥様は月1回の面会交流は絶対に守りますと言っているので心配なさらないで下さい」

私は調停員達の言葉を信用した。これが失敗だった。何が何でも間接強制はかけておくべきだった。

そして面会交流がスタートしたのだが、N子は相変わらず非協力的であり2ヶ月程度に一度しか面会交流をせず、娘達とは3回しか会えなかった。

ついには、再び会わせなくなってしまい、また履行勧告をしたら、今度はN子から「面会交流の申立」を行ってきた。実父である私・高野憲一と、N、Aが滅茶苦茶仲が良いのが余程、気に食わないらしい。

N子が何を考えているのか私には皆目見当が付かなかった。

その後、裁判期日が来て勇躍、私は佐倉裁判所に乗り込んだ。

すると今度は、「娘達がパパと会いたくないと述べているから会わせたくない」と来たもんだ。

なんとまぁ、嘘を付くのも余程ネタ切れなのか、こんなふざけた言い訳を平気で言うのだと私は呆れ返ってしまった。

俄然、私は第1回目と同様に言った。

「N子は私の事を都内に遺棄までしておき、それまでは私の自賠責保険金を散々に摂取・着服をし、婚姻費用を20万円も申立請求をしてきた女ですよ！　あなた方調停員は善悪の判断が取れないのですか？」

調停員達はアッサリと言った。

「高野さんはお金を持っているから」

敢えて言おう！　佐倉裁判所の調停員は真偽を見抜けない者達だと。

「私は自賠責保険金しか持ってないよ！　この金は私が重い後遺症を二点持って障害者となってしまった代替え金なのだぞ。その重みが分かりますか？」

正々堂々と告げてやった。

「月1回の面会交流は遵守してもらわんと困る。それが嫌なら私が離婚調停の決まり事通りにN子に支払ってやった300万円を潔く返してくれるように告げてくれたまえ！」

調停員達は再びN子が居る別室に行き、戻って来たらビックリ仰天。

「面会交流の申立は取り下げる」だと。N子自ら面会交流の申立をしておきながら、情勢が不利になったら「取り下げ」。まぁ、どこまで非人道的な悪女なのだろうかと、よくよく心胆から思い知らされた。

私の沢山の男女の友人達にこの話をしたら、「紛れもなく障害者が虐待され続けているとは！　障害者の事を何も理解していない不公平な佐倉裁判所が果たして法治国家の日本の司法だとはとてもじゃないけど言えないな」と皆が怒り、これまで以上にN子に電話を入れてくれたが、全く出ない。ならば、「Nちゃん・Aちゃんの居る小学校や幼稚園に離婚調停の調書を持って行って、障害者が虐待され続けている事をみなさんにお知らせ致しましょう」と強く勧められたので、私は小学校や幼稚園に高次脳機能障害のパンフレットを持参して、この難解な病を説明するために同行してもらった。

しかし、小学校の校長や保育園の園長は障害者になってしまった「NとAの実父たる高野憲一」に対して何ら理解は示さず、全く持ってお話にならなかった。因みに私は職場には顔を出さなかった。

これでは埒があかなく、私は離婚調停までにN子並びO一家に700万円もの大金を支払っただけという単なる障害者の泣き寝入りではないか！　そう強く感じ、再び付いていた民事の弁護士に相談すると、「審判をかけた面会交流の申立をされては如何でしょう？」との回答を得たので「審判込みの面会交流の申立」を発動し、期日に佐倉裁判所に赴き裁判官や書記官の前で述べた。

「私が何か悪い事でもしたのですか？　悪意のある遺棄までしておいて私は裁判事項に則って300万円もの大金を支払ったにもかかわらず、面会交流の約束を守らないのはN子本人でしょうよ！　一体誰が悪いんですか？　極めて不服ですが、離婚調停にて私が支払った300万円と、O親子にまだ貸してある40万円をプラスして340万円を耳を揃えて返金してくれれば、面会交流は一切致しませんよ」

乗るかそるかの「乾坤一擲」の究極論だった。

その何ヶ月か後に佐倉裁判所から判決の通知が届いた。

ビックリ仰天。真偽性をまるで見抜いていない不当判決だった。

「2ケ月に一度、NとAの写真を送るのが妥当」たる言語道断の判決！

翻って、判決が出たにもかかわらず、N子からは既に半年以上もNとAの写真は1枚も送られて来ない……。私が様々な分野の刺激を与え続け、教育をして来た二人の愛娘とは3年間会えていない悲劇に達している。Nは中学生になり、Aはランドセルを背負う小学生たる晴れ姿を写真ですら見ていない余りにも悲しき高野憲一。

話は前後するが第1回目の面会交流の申立をしていた時、私の補佐人であったS先生（弁護士）の役割は、既に私の実父Yにバトンタッチされた。しかし、実父は高次脳機能障害を全く理解してくれないどころか、逆に金の無心しかして来ず、私の全財産を預けておくには非常に危険を感じたので、佐倉裁判所に補佐審判取り消しにて解任していた。ゆえに離婚調停後は、事実上、私一人で裁判所で戦って来た事になる。

第三章　親族との果てなき戦い

貸した金は返済せよ！① 狡猾なる義父の言い逃れ

私に自賠責保険が降りた途端、元妻N子により毎日毎日、朝昼晩、「家に無利息・無担保で纏まったお金を貸してあげて！　そうすれば債権者の取り立てがなくなるから！」と言われ続け、満足な判断能力のない私はアッサリと騙されてしまい、義父Oに１００万円を貸した。しかし、都内に「悪意のある遺棄」をされてから１００万円の返金を求めたところ、何故だか60万円しか返してくれなかった事は前出したが、残りの40万円を取り戻すために私は策を練った。

まずは数々の男女の友達に、「全ての黒幕である義父Oから40万円を無事に取り戻せたら、お礼に10万円を差し上げるから返金させるために障害者の俺に協力してくれたまえ」と矢を放った。

悪意のある遺棄をされるまで住んでいた分譲マンションへと、時には女友達だったり男友達だったり障害者の友達だったり多種多様、様々な組み合わせのパターンにより同伴してもらい、義父〇目掛けて赴いた。

「アンタの娘から毎日毎日、『自賠責保険金の中から家に纏まったお金を無利息・無担保で貸して上げて。お願いだから！』と朝昼晩、頼まれ続けられて仕方なく１００万円を貸してやったが、何故に残り40万円を返さないのだ？」

義父〇は「それは貸した金だから返せない」と来たもんだ。すかさず私は、

「はぁ？　アンタに1円でも金を貸して下さいなんて頼んだ事があるのか？　寝ぼけた事を言ってんじゃやねぇよ！」

真実を告げると、〇は言った。

「娘と憲ちゃんの同棲時代に娘が借りに来ていたから憲ちゃんの責任だ！」

「俺がN子に血族でもない実家に金を借りに行って来てくれなんざ頼める訳がねぇだろうがよ！　仮にもN子が逐一実家に金を借りに行ってたなら一緒に暮らしていた俺が物理的に何一つ気付かない訳がねぇだろうがよ。適当な事を言ってんじゃやねぇよ！　それにアン

タは1億3000万円も借金を抱えて佐倉裁判所の呼び出し通知も一切受け取りもせずに、債権者達からひたすら逃げ回っている多重債務者の身だろ。どうやったら40万円も貸せるんだよ？　説明してみ」

そして更に突っ込んでやった。

「じゃぁ、N子が実際に借りに行ってたとしよう。ならばアンタの娘から返して貰えば良い話だろ！　何故、俺だけが一方的に支払わなくてはならんのだ？　知的障害者の俺だって、それぐらい理解が出来る話だぞ。それに知的障害者や身体障害者という判断能力のない人から金や物を取ったら罰せられるんだぞ」

悪意のある遺棄の「悪しき計画」を立案し練ったのも全ては義父〇であり、婚姻費用20万円ものあり得ない金額の申立請求を佐倉裁判所を通してN子に指示したのも全ては〇だと重々分かったので、

「アンタよ、俺を騙して都内に釣り出して遺棄した時に親子揃って3時間に渡って俺に何つった？　お金は1円も求めない、好きな時に娘達とは会わせる、そう約束事を俺に押し付けて来ただろ！　約束が違うじゃねぇかよ。アンタの娘は弁護士達もたまげたという婚姻費用20万円もの申立請求をして来たぞ。挙げ句の果てに俺の娘達とは殆ど会えてねぇ

ぞ」

そう告げたら○は言った。

「婚姻費用を支払うのは憲ちゃんの娘なんだからしょうがない！」

約束事なんざ平気で破る非道ぶり……。

「アンタ頭大丈夫か？　どこの馬鹿に救わなくてはならない障害者になってしまった亭主を、ご丁寧に前夜に俺の財布から鍵まで抜いといて都内に悪意のある遺棄をしといて、それまでは自賠責保険金から散々に渡って親子揃って着服・摂取する事が果たしてマトモな人間がやる行いだと思うのか？」

これらのやり取りをしに行くたびに、私達は玄関先から部屋に上げられ、リビングで話す事を繰り返した。

だが、謝罪の何一つなく、全く金を返す気がない。流石は1億3000万円を抱えた多重債務者は言う事が違う。

そして、挙げ句の果てに「脅しですか？」と来た。これには流石の私もその場で笑ってしまった。

「貸した金を返せと言うのが脅しになるのか？　馬鹿も休み休み言え。借りた金は返すのが一般常識ではないのか？　随分と都合の良い頭だよなぁ。アンタ、マジで頭大丈夫か？」

日本全国の高次脳機能障害者のための礎になろうとしていた私は、些かの躊躇もなく、障害者が奪われた大切な40万円を取り戻すため4回目となるマンションに行った。

Oは余程正論を突かれて困っていたのか、「行政機関の誰かを挟んでくれないか？」と申し出た。しかし、もう私は補佐人も民事の弁護士も解任していたし（補佐人解任だけで500万円もかかった）、都内に住む実父は高次脳機能障害を全く理解せずに、実の息子が元妻とその両親によって騙されて悪意のある遺棄をされてしまっている事すら理解をしていない有り様であり、既に完璧に籠絡されているので味方にはならない。

文字通り私は四面楚歌だった。

平成23年に遺棄をされた直後に相談した様々な行政機関が存在したが、当時一番お世話になったのが「成田市役所障がい者福祉課」の人々だったので、こちらの職員なら支援してくれる筈だと一縷の望みを託して、これまでの事情を全て話して間に入ってもらう事にした。

ところが、当時の素晴らしい職員さん等がズラリと並んでいた障がい者福祉課とは陣容が全く変わっており、未だに顔すら見たくない非礼な女性職員Yさんともう一人の職員とで日取りを決め、義父のマンションのリビングで話し合う事となった。

当日のリビングでの参加者は、私と私の男友達二人と義父Oと義母K子、YさんとYさんが連れてきた障がい者福祉課の職員、計七人で始まった。

着目すべきは、実家に金を借りに行っていた筈の重要人物である証言者のN子が居なかったことだ。

当初私は、障がい者福祉課の人達だから、障害者の弁護をしてくれるかと思っていた。

しかし、それは脆くも崩れ落ちた。

私はこれまで義父Oに述べて来た事を皆の前で改めて正々堂々と言った。だが、相変わらずOは障がい者福祉課二人の職員の前でも「安定した毎度の嘘」で、職員達に認識されようと必死な弁解を繰り返した。私は全てに反論を下し、その都度、Yさんに対して意見を求めた（もう一人の職員は記録を取るためだけの役割なので終始無言）。

これは「障害者虐待防止法に抵触するのではないですか？」と伺ってみても「悪意のあ

る遺棄でもないし障害者虐待防止法に抵触しない」と述べる有り様に、私と連れてきた男友達は絶句した。

更に私が「あなた方は一体何しに来たんですか？　障害者が騙されて金銭を貸したり、摂取・着服されたりした金をキチンと返させるように導くのが人道であり、障がい者福祉課の仕事でしょう。それを平気な顔をして見過ごす訳ですか？」と告げると、Oは「ふふふ……」と笑う始末。

障がい者福祉課の、このYさんたる非礼な職員は、決して障害者の味方ではない！　と早々に察知したので、私は改めてOに述べた。

「アンタら親子が俺に対して行って来た事が人の道としてマトモだと思えるのか？　アンタら親子と関わって、離婚調停までに俺の自賠責保険金が700万円も損害を被っているのだ！　自覚はあるんだろ？　アンタの娘が実家に金を借りに来ていたと戯《ざ》れ言《ごと》を散々述べていたが、何故のその証人が今日この場に居ないんだよ？　即ち、全てが始めっから大嘘の作り話だったからなんだろ！　多重債務者のアンタは支払い能力がないのなら、不服だが多少負けてやっても良いぞ」

と、次の瞬間、Y職員の横槍が入った。

「それは脅しになる」

すかさず私は論破してやった。

「アンタ、何言ってんの？　貸した金を返して貰うのが脅しになるのか？　俺は、ここまでされて多重債務者のOに対して情けをかけて減額して問題解決をしようと模索している。この前進的な考えが間違っているのか？　じゃあアンタは人に金を貸しても一切返してくれとは言わないんだな？　更には妥協案を持ち出して妥協点を見出そうともしないのだな？」

しかし、Y職員はどこ吹く風。

そしてここから、偏屈で頑固者のOの「裁判所が認めたら支払う」との一点張りが始まる。

この推移を見ていた二人の男友達が、「高野さんには何ら非はないんですから、Oの事を訴訟するしかないでしょう」と説得したので私はその案を呑んだ。

それにしてもこの七人の話し合いの中でN子の姿がないのは極めて不自然な事であり、これはO親子の策だと私は即座に見抜いた。

即ち、N子が居れば数々の嘘が暴かれてしまうため、それを極めて恐れた非人道的なO

親子の作戦であり、日本全国の障害者の敵となったこんな人間達をいつまでも野放しにしておくのは障害者が安堵に暮らして行くのには余りにも危険極まりない。

成田市役所障がい者福祉課を挟んだ七人での話し合いがものの見事に不発に終わり、弁護士を雇って義父○に訴訟をする前に、私は、障害者の人権を蹂躙《じゅうりん》され、騙された思いがどうしても払拭出来なかったので、同伴者とともに5回目になるマンションに行った。しかし、いくらカメラ付きのインターホンを鳴らしても誰も出て来ない。これまで債権者達が、いくらインターホンを鳴らしても一切出なかったのを同居中に散々見て来た。明らかな居留守戦術。

○の戦術はお見通しだったので、出るまでインターホンを20分は鳴らし続けたら、やっと出た。やはり、奴はチャッカリ居たのだ。日頃は債権者達とかち合うのを恐れ、外出を制限していたのを同居中からよくよく熟知していた。

私はインターホン越しに告げた。

「どこまでもずる賢く狡猾であり、話せば嘘しか言わず、人権侵害をし、障害者を虐待し続ければ気が済むのか？　アンタは1億3000万円もの借金を抱え人様に多大なる迷惑をかけ続け自己破産すらもせずに、よくもまぁノウノウと生きてられる、その無神経さには驚くばかりだよ！　今まで同居中にアンタの事を匿ってあげて債権者達に『義父は行方不明であり逆に我々が捜しております』と嘘を付きまくった事を債権者達に電話で謝罪し、『私の方が逆に○親子から金を騙し取られてしまいました』と正直に全てを語って赤裸々に話したからな」

瞬間、○は余程驚いたのか「成田警察署に通報するぞ」と返答して来たので私は告げた。「貸した金を返してもらう、ごく極当たり前の事を述べているに過ぎないのだよ！　呼びたきゃ呼べよ！」

そして私も同時に成田警察署に通報した。

「障害者が騙されて貸した金を取り返しに来たに過ぎません」

そう告げると、何と！　電話口から聞こえたのは、

「被害者から電話が来ております」

はぁ？　被害者？　○は明らかに被疑者ではないか。相変わらず、誰が悪くて誰が嘘を述べているのかを全く見抜けていない低落ぶり。

そこで我々二人は何ら悪い事などしていないとの正義感と自負心があったので、そのま

ま帰らずに警察官を待って話そうと判断し、その場に居たら、パトカーが2台やって来て八人近くの警察官が車から降りて来た。随分と物々しい馬鹿げた光景には我々二人は呆気に取られた。

早速、刑事だか警察官だかが私に対して随分と強気な質疑応答で押し迫った。障害者としてどこまでも侮辱的であった。

「Oさんは高野さんとは会いたくないと述べているので会いに行っては駄目なんです！」

正になんじゃそりゃ状態。

「Oに用がなくとも俺には用があるんだよ！　まだ40万円を返して貰ってないの。就労不能の障害者にとっては大金なんですよ。意味が分かりますか？」

私は2冊の障害者手帳を見せた。

「あなた方は善悪の判断すら取れないのですか？　障害者に対しての差別ですか？　それに金銭の貸し借りは民事不介入でしょ。あなた方が立て替えて支払ってくれるんですか？ならば我々は帰るよ。それに以前に私が刑事告訴をしに成田警察署に行った時にマトモに調査すらもせずに被害届を受理してくれなかったのが、今回の起因に繋がっているのではないのか！」

正論を告げてやったら「パトカーに乗って成田警察署まで来て下さい」と強く促された。断っても良かったが「この際、膿は徹底的に出し切ってやろう」と思い、我々二人はパトカーに乗って成田警察署に赴いた。

そして改めて、「交通事故に遭って死線をさ迷い、高次脳機能障害と同名半盲たる重い後遺症を患ってしまい、後遺障害等級第2級1号と認定され、その自賠責保険金から○親子によって散々に渡り着服・摂取され続け、最終的には任意保険金狙いから都内に悪意のある遺棄をされた」事を1から10まで理解を促すように精一杯、丁寧に説明をした。

しかし、警察官は何ら分かってくれなかったどころか、

「今後このまま行ったらどうなるか分かりますよね？」

と暗に私が逮捕されるかのように誘導尋問とも取れる恫喝をして来た。

「どうなるかなんて分かりません。私が悪いんですか？　罰せられるのは障害者を虐待し続けているN子ひいては○一家の筈ではないのですか？　弱者を守り悪人を取り締まるのが警察の仕事ではないのですか？　私が何か間違った事を述べてますか？」

繰り返し質疑応答のやり取りをしてその日は帰宅した。成田警察署ではまったく埒が明かないので、改めて○を訴訟する決意をした日でもあった。

貸した金は返済せよ！② 義父への訴状

障害者の自賠責保険金を食い物にし、都内に悪意のある遺棄までしておきながら貸した金すら速やかに返さず、「裁判所が認めたら金は返す」と息巻いていた義父○に対し、私は訴訟する決意を固め事情を認識していた元補佐人の弁護士S先生に依頼をした。

【訴状】　※原告：高野憲一、被告：○（義父）

第１　請求の趣旨

1：被告（O）は、原告（高野憲一）に対し、金２４０万円及びこれに対する本訴状送達の日の翌日から支払い済みまで年５分の割合による金員を支払え。

２：訴訟費用は被告の負担とするとの判決並びに仮執行の宣言を求める。

第２　請求の原因

１：当事者について原告は、平成21年４月19日、交通事故（以下「本件交通事故」という）に遭って、脳挫傷、急性硬膜下血腫、高次脳機能障害、器質性精神障害、左同名半盲等の障害を負い「神経系統の機能又は精神に著しい障害を残し随時介護を要する」状態の後遺障害が残存した等として、損害保険料率算出機構より自賠法施行令別表第一第２級１号に該当する後遺障害が残存したとの判断を受けた障害者である。

被告は、原告の前妻であり平成24年11月12日に離婚が成立した訴外、N子（以下「訴外N子」という）の父であり、原告の元義父に当たる。

2：貸金返還請求について原告は、被告に対し、平成23年4月頃、弁済期の定めなく、100万円を貸し付けた。

その後、原告は被告に対し、平成23年7月頃、上記貸付金100万円を弁済するよう複数回にわたり催告をした。

それにもかかわらず、被告は、原告に対し、平成23年7月21日に30万円、同月22日に30万円を弁済するのみで、その余の40万円を弁済しない。

よって、原告は、被告に対し、金銭消費貸借契約に基づく貸金返還債務として、金40万円の支払いと本訴状送達の日から支払済みまで年5パーセントの割合の遅延損害金の支払いを求める。

3：慰謝料について。
(1) 原告は、本件交通事故発生以前から、被告や訴外N子らとともに、被告の自宅に居住していた。
その後、原告は、本件交通事故に遭い、前記後遺障害が残存したものとして、同後遺障害は自賠法施行令別表第一第２級１号に該当すると判断された。

また、原告に残存した後遺障害は、精神障害者保健福祉手帳の等級で２級に、身体障害者５級に該当する。
(２) 原告は、平成23年３月29日頃、自賠責保険より、本件交通事故に関する保険金として、３０００万円を受け取った。
この頃から、原告は、被告や訴外Ｎ子から金銭的要求を受けるようになり、次第に被告や訴外Ｎ子との関係が悪化していった。
(３) その後、原告は、東京都内において、原告の父を交えて被告や訴外Ｎ子と話し合いの場が持たれた。
この席上において、原告は、訴外Ｎ子から、子供にはいつでも会わせるし、原告に対して一切の金銭要求をしないので、二度と自宅に戻らないでほしい、と３時間にわたり説得され続けた。

その結果、原告と被告及び訴外Ｎ子との間で、①原告が被告らの自宅を出ていくまで、１週間の猶予を与えるのでその間に荷物をまとめて出ていく、②但し、話し合いが持たれたその日だけは、東京都内のホテルに１泊する、という内容で話はまとまった。

原告は被告及び訴外N子の言葉を信じ、着用していた衣服の他は、薬1日分しか持っていない状態でホテルに宿泊をした。

しかし、その翌日、原告が、被告らの自宅へ帰ろうとすると、被告及び訴外N子より、帰ってこないで欲しい、などと述べられ拒絶された。

その結果、原告は、薬が全くない状態で一人ホテルや友人の家などを転々とする生活を強いられ、その後、そのような状態が継続した。

随時介護を要する状態として自賠法施行令別表第一第2級1号に該当する後遺障害が残存したものと判断され、精神障害者保健福祉手帳の等級で2級に、身体障害者等級表で5級に該当する障害が残存している原告に対し、そのような行為に及ぶことは非常に危険な行為であり、被告と訴外N子は、通謀の上、原告を遺棄したものと評価できる。

(4) このような被告の行為が不法行為に該当するのは明らかであり、その精神的苦痛を慰謝するための損害賠償金は、200万円を下らない。

(5) よって、原告は、被告に対し、不法行為に基づく損害賠償債務として、金200万円の支払いと本訴状送達の日から支払い済みまで年5パーセントの割合の遅延損害金の支払いを求める。

4：結論

以上より、原告は、被告に対し、請求の趣旨記載の請求をなす。

第3　関連事実

1：貸付に至る経緯

前述のように、原告は、平成23年3月29日頃、自賠責保険より、本件交通事故に関する保険金として、3000万円を受け取った。

そうしたところ、原告は、被告や訴外N子から、生活費として毎月20万円を家計に入れてほしいと度々言われるようになった。

また、原告は、被告が多額の借金をし、頻繁に債権者からの取り立てを受けていたため、被告から100万円を貸して欲しいと何度も言われるようになった。

そこで、原告は、被告に対し、平成23年4月頃、100万円を貸し付けた。

２：貸付の交渉の状況

その後も、原告は、被告や訴外Ｎ子、被告の家族から自賠責保険金の数十パーセントを渡して欲しい、などと言われるようになり、原告と被告の家族との関係は非常に悪化し、前述のように被告らの自宅を追い出された。

その後、原告は、被告に対し、貸し付けた１００万円を返して欲しいと何度も述べたが、60万円は返済されたものの、その余の40万円は返済されていない。

原告は、被告に対し、その後も、何度も残りの40万円を返済してほしいと申し出ているものの、被告は１００万円は贈与を受けたものであるなどと述べ、返済をしようとしない。

このような状況であるため、本件訴訟を提起するに至った次第である。

請求原因３（３）最終段階の「そのような行為」は、被告及び訴外Ｎ子が、重大な身体障害及び精神障害を有するために一人で生活する能力がない原告に対し、十分な生活必需品や薬を持たせることなく、もともとの原告の居住空間である被告及び訴外Ｎ子の自宅への帰宅を拒絶する行為を指している。

上記行為は、要扶助者を危険な場所に置いたまま立ち去る行為であり、遺棄行為に該当する。

また、上記行為は、夫婦間の同居・協力・扶助義務に違反するため、民法770条1項2号に定める「遺棄」にも該当する。

請求原因3（4）の「このような被告の行為」は、上記遺棄行為を指している。

被告は、原告に対する扶助義務を負う訴外N子と通謀し、意図的に要扶助者である原告を危険な場所に置いたまま立ち去ったのであるから、上記被告及び訴外N子の遺棄行為により原告が被った損害につき賠償義務を負うべきである。

また、原告が被告に対し100万円を貸し付けた事実を証明する金銭消費貸借契約書等の処分証書は存在しない。

貸した金は返済せよ！③　詭弁に満ちた義父の答弁書

元補佐人のS先生（弁護士）に依頼して、佐倉裁判所に２００万円の貸金返還と慰謝料請求の訴訟を発動し、当の本人の義父Oは慌てふためいたようで相当焦ったのか、案の定、代理人の弁護士を雇い入れた。

これまでOは佐倉裁判所からの債権者の申立通知をひたすら受け取らず、裁判所に出廷した事が皆無だったので、弁護士を雇い入れ己は裁判所には一切顔を出さない戦術を取るのは、ある種、予測はしていた。

このOに加担をした弁護士の名は「F」。

さも、本当にあったかのように作り話・与太話を仕立てあげるのが弁護士としての仕事らしく、紛れもなく日本全国の高次脳機能障害者に同名半盲者の敵となったF弁護士が作成し、提出した答弁書の全文を掲載する。
始め読んだ時は余りにも事実とは異なり真逆過ぎて怒りを覚えた。
嘘を並べて述べるのが弁護士の仕事なのか！

【答弁書】　被告訴訟代理人：F　※原告：高野憲一、被告：O（義父）

平成23年4月6日、被告は原告から１００万円を受け取ったが、１００万円のうち、40万円は貸付金の返済として受け取ったものであり、残りの60万円は長い間世話になったことに対する礼金であると言って渡されたものを「ありがとう」と言って受け取ったものである。

被告は原告から金銭を借り受けたことは一度もない。

被告が原告に対し、平成23年7月21日に30万円、翌22日に30万円を送金したことは認めるが、その余については不知。

合計60万円の返金は、原告から前記謝礼金60万円を返すよう頻繁に請求されたことから、本来であれば贈与を受けた以上返す必要のない金銭であるが、トラブルに巻き込まれるのを回避するために返還したものであり、借入金の弁済として送金したものではない。

被告及び訴外N子が原告に対し、金銭の要求をしたことは一度もない。

平成23年7月2日に親族が集まって話合いが行われたことは認めるが、その余は否認する。

話合いは約2時間行われ、原告の父親及び弟が原告を説得した結果、原告のDVを防ぐために原告が被告宅を出て、訴外N子と別居することに決まった。

また、当時被告が多額の借金をしていた事実や債権者から頻繁に取立てを受けていた事実は、一切ない。

■被告の主張：一度目の同居から別居に至る経緯

被告は、訴外N子の父親である。

原告は、当時専門学生であった訴外N子と平成6年頃に出会い、その後すぐに付き合うようになり、訴外N子が専門学校を卒業した平成7年頃には埼玉県川口市内で同棲するに至った。

原告は訴外N子と出会ったときは新聞拡張員をしていたが、生活費として原告が訴外N子に渡す額が少なくなり家賃を支払えない状況になったので、訴外N子は実家である被告宅に戻ることにした。

平成8年4月頃、訴外N子とともに原告も被告宅に越してきて、被告宅に住み始め、平成18年4月頃まで約10年間、被告宅での生活を続けていた。

この間、原告は、週に2回程度、午後12時過ぎに家を出て仕事に行っている。新聞拡張員をしていると言っているがどのような仕事をしているかわからない、生活に必要なお金を渡してくれないと、被告は訴外N子から聞かされていた。

被告は、訴外N子から聞き原告に金銭的余裕がないことを知っていたので、原告から家賃や生活費などを徴収したことはなかった。

したがって、被告宅で同居していた約10年の間、原告は、無償で被告宅に住み、無償で生活をしていたのである。

平成15年、原告と訴外N子は婚姻した。

その後、同年4月2日、原告と訴外N子との間に長女Nが生まれ、平成21年4月19日には、次女Aが生まれた。

平成18年頃、原告は、孫を猫かわいがりする被告夫婦と同居することに嫌気がさしていたところ、求人広告で東京都世田谷区上馬に住居付きの新聞拡張員の求人を見つけた。

そこで、原告、訴外N子、長女Nの三人は被告宅を出て、東京都世田谷区上馬に引越し、家族三人での生活を始めた。

■二度目の同居に至る経緯

原告が複数の金融機関から借金を重ね返済を怠っていたため、借金の取り立てが激化してきたことに加え、引越しを契機に就いた新聞拡張員も数ヶ月後に辞めてしまい収入が減ったため家賃の滞納が数ヶ月続き、引越しの数ヶ月後には、上馬の家に住み続けることができなくなった。

このような状況で「行くところがない」と訴外N子から相談を受けた被告は再び被告宅に戻りそこの生活を了承した。

平成19年5月頃、まず訴外N子と長女Nが、その3ヶ月後に原告が、再び被告宅に戻りそこで生活をするようになった。

この頃、被告は既に退職し収入が激減しており、以前の同居時とは経済状態が大きく変わっていたので、被告及び被告の妻は、訴外N子に対し、家賃はともかく月々の生活費はある程度支払って欲しいと告げた。

これを受けた訴外N子は、以下の通り被告に支払った。

平成19年5月10日に1万円・6月20日に2万円・6月30日に3万円・7月28日に4万円・8月6日に1万円・11月26日に4万円・12月1日に1万円。

しかし、長女Nの幼稚園費用等出費が多く、経済的に余裕がないとして、平成19年12月1日の支払いを最後に、支払いは行われていない。

■被告の訴外N子への生活費貸付

訴外N子は、原告が生活に必要なお金を家に入れてくれないという話をした後に、被告に対し、生活が苦しいのでお金を貸して欲しいと言った。

わが子の窮状を見かねた被告は、退職し経済的に余裕があるわけでなかったが、以下の通り、生活費として訴外N子に金銭を貸し付けた。

平成18年5月26日に10万円・8月27日に5万8０００円・11月22日に8万5０００円・平成19年1月26日に6万円・2月27日に13万円。

■被告が、原告から１００万円を受け取った後、60万円を返金するに至った経緯

（1）原告は、平成21年4月19日に交通事故に遭い、平成23年3月29日損害賠償金として3０００万円を取得した。

平成23年4月6日、原告は、被告宅居間で１００万円を差し出し、訴外N子が生活費として借りた40万円と長い間お世話になったお礼として60万円、合計１００万円を受け取ってくださいと言った。

被告は、平成18年5月26日から平成19年2月27日までの間に被告が訴外N子に貸し付けた合計額は43万３０００円であると認識していたが、40万円に減額した上で、同債務の弁済金としてこれを受け取った。

礼金60万円についても、恩を感じて感謝の気持ちから差し出してくれたものと考えて「ありがとう」と言って受け取った。

同席していた妻も「ありがとう」と言って受け取った。

（2）平成23年3月頃から、原告が訴外N子に対して暴力をふるうようになり、訴外N子に対する暴力（以下、DVという）は日に日にエスカレートしていった。

平成23年6月下旬から、60万円の返還を求める電子メールが訴外N子の携帯電話に頻繁に来るようになった。

訴外N子から相談を受けた被告は、60万円は長きにわたって世話を受けてきたことに原告が感謝して渡してきた礼金であり、贈与を受けたものであるので返す義務のある金銭ではないが、返金しないことで訴外N子に対するDVがさらにエスカレートすると考えて、平成23年7月21日、翌22日にそれぞれ30万円を原告に送金し、原告が返済を要求している60万円全額を返還した。

■訴外N子及び二人の子と原告とが別居するに至った経緯

平成23年頃に始まった原告の訴外N子に対するDVは日に日にエスカレートしていった。

当初は訴外N子に対して暴言を吐く程度であったが、些細な口論に激高して「殺してやる」と叫びながら棒を持って襲いかかってきたこともあった。

また、訴外N子が自動車を運転している最中に、口論に激高した原告が突然訴外N子に殴りかかってきたこともあった。

このときは、生命の危険を感じた訴外N子が機転をきかせて自動車を人通りの多いところまで走らせ、通行人に助けを求めて警察官を呼んでもらってことなきを得た。

訴外N子は、日に日にエスカレートしていく原告のDVに恐怖感を募らせ、たとえ1日でも原告とは一緒にいたくないと思うようになり、別居したいとの思いを強くしていった。

23年6月上旬、訴外N子は、被告宅を出た原告を引き取るのに最適な人物である原告の父親に、原告のDVについて電話で相談の結果、原告の父親から、原告のDVから逃れるためには直ちに別居する必要性があるとアドバイスされ、別居の算段をつけるために、親族が集まって協議をすることとなった。

協議の日にちは原告が被告宅にいない日に設定することになり、原告が友人と泊まりがけで函館に旅行に出かける予定のあった平成23年6月11日に親族が集まり協議をすることになった。

平成23年6月11日、原告の実家に、原告の父親・原告の義母・原告の弟夫婦・訴外N子・被告・被告の妻の合計七名が集まり、訴外N子と原告の今後について協議を行った。

その結果、以下の通り今後の予定がまとまった。
①原告の父親が、訴外N子と別居するよう原告を説得する。
②原告の父親が、原告が別居後に住む住居を探す。
③本日（平成23年6月11日）から3週間後の平成23年7月2日に、原告、原告の父親、原告の弟、被告、訴外N子が集まり、即時に訴外N子と別居することについて原告を説得する。
この協議の後、原告の父親は、自身が勤める会社が入っているビルの隣にあるマンションの一室を借り、別居後の原告の住居とすることにした。
（3）平成23年7月2日午後1時から3時まで約2時間、上記マンションに、原告、原告の父親、原告の弟、被告、訴外N子が集まり、原告と訴外N子とが別居することについて話し合われた。
この話し合いにおいて、原告の父親及び弟が原告をこんこんと説得した。
話し合いの結果、原告は、被告宅から出て行き、訴外N子と別居することを了承した。

原告は、被告宅を出て行くことは了承しつつ、原告の父親が用意したマンションには住みたくないと言ったり、訴外N子が用意した着替えや薬等を受け取らない等、話し合いに納得していない様子であった。

その後、原告は、被告宅から出て行ったが、被告宅を出た後、原告から一切連絡がなかったので、原告がどこに住み、どのような生活を送っていたかについて、被告はまったく知らなかったし、知り得なかった。

■訴外N子が保護命令を受けた後、原告と離婚するに至る経緯

被告宅から出た後に原告が訴外N子や長女N、次女Aに付きまとうことをおそれた訴外N子は、千葉地方裁判所佐倉支部に保護命令を申し立て、平成23年8月2日に保護命令を受けた。

その後、訴外N子は、原告との離婚を望んだが、協議離婚は成立しなかったので、離婚調停を申し立て、平成24年11月12日に離婚調停が成立した。

〈求釈明〉

1：被告は、原告に対し、次のとおり釈明を求める。
2：不法行為に基づく損害賠償の主張について。
(1) 原告は、請求原因3(3)最終段階で「そのような行為に及ぶことは非常に危険な行為であり」と主張するが「そのような行為」とは具体的に、誰がいつどこでした行為なのか、その内容を明らかにされたい。
(2) 同じく請求原因3(3)最終段階で「被告と訴外N子は、通謀の上、原告を遺棄したものと評価できる」のは、誰がいつ行ったどのような行為なのかを明らかにされたい。
また「遺棄」は、どのような内容の行為として認識しているのか「遺棄」の意義について明らかにされたい。
(3) 原告は、請求原因3(4)で「このような被告の行為が不法行為に該当する」と主張するが「このような被告の行為」の内容を明らかにするとともに、それが不法行為に該当すると主張する法的根拠を明らかにされたい。

〈貸金返還請求の主張について〉

原告は、被告に対し、平成24年4月頃、弁済期の定めなく「100万円を貸し付けた」と主張するが、原告が被告に対し100万円を貸し付けた事実を証明する金銭消費貸借契約書等の証拠があるのか明らかにされたい。

また、もしあるならば、可及速やかに提出されたい。

◎高野憲一の反論

余りにも馬鹿馬鹿しくて、よくもまぁ、弁護士ともあろう肩書きを持った人間が、ここまで無理矢理な作り話をこしらえて大嘘を平気な顔して佐倉裁判所に提出したものだ（詭弁と欺瞞の塊)。

自己破産もせずに他人様に多大なるご迷惑をかけ1億3000万円もの巨額の借金を踏み倒そうとしている多重債務者の義父Oが取り立てを受けてないだって?

O建設が倒産し、徹底的に逃げる覚悟を決めたOだが、多い日で1日5回は債権者達が取り立てに来ていた。何を言おう私本人が目撃者であり証人であり、Oを匿って債権者達(千葉保証協会など身なりのシッカリとしていた人達ばかりだった)を玄関先で対応し続け、「O夫婦は逆に我々夫婦の方が捜していて、Oの娘の亭主は私なのですよ。従って空き家になってしまうので我々夫婦が家を預かっているのです」と、嘘を講じ続けたのは、かく言う私なのだ(実際は家の中にO夫婦は常に居た)。

我々夫婦はOから、「訪問して手渡しをしてくる郵便物は一切受け取らないように」と強いお達しを受けていた。つまり、債権者達が佐倉裁判所へ申立した、その通知書だから受け取れない訳であり、ポストに入っていたとしてもそれは逐一郵便局に返していた。

余りに取り立てが凄まじいので私はリビングで諭した。

「少なくとも1億円以上という莫大な借金を抱え込んで、他人様に多大なるご迷惑をかけてしまい何ら抜本的な解決もせずに果たしてこれで人の道だと言えますか？　この分譲マンションを一刻も早く売り渡して自己破産手続きをするべきではないか」

するとと「自己破産だけはしたくない」と頑なに拒否をし続けるので、返す刀で私は言った。

「では、肝心のこの物件が差し押さえられたらそれこそどうするのだ？　路頭に迷うのだぞ。だったら早く売り渡した方が良いでしょうよ」

物の道理を説いたら、「自宅を差し押さえられてもキチンと家は用意してくれるんだから大丈夫だ」。

悪意のある遺棄をされたあと、私はそれぞれの債権者達に電話を入れて、逆に私が○親子によって騙されてしまった事や私があなた方に嘘を言い続けて○を匿って来た事をキチンと謝罪し、全てを正直に告白した。

債権者達に謝罪している中で、「○は取り立てが激化していた時はひたすら自宅を差し押さえられてもキチンと家も用意してくれると誇らしげに述べておりましたが本当にそんなもんなんですか？」と質問した。

債権者の回答は、「ボランティアではあるまいし、そんな美味い話がある訳がないですよ」だった。

話はリビングでのやり取りに戻るが、私がOに「これだけの数の激しい取り立てが来ていてあなたは何故に抜本的解決に向かって率先垂範的に動こうとは思わないのか？　あなたは一体何者なのだ？　この先どうするつもりなの？」と告げると「俺は透明人間なんだ！」。この宣言には流石に唖然とした。

私は立て続けに、「これだけ大多数の取り立てが来るならば通常の人間なら、玄関の自由な出入りも制限され常に警戒する生活に精神的に参ってしまい嫌気が差してしまい、O建設が倒産したと同時に引っ越すけどね」と告げたところ、Oは述べた。

「逃亡する」

Oと義母K子の多重債務者夫妻は1年間、千葉県のレオパレスに逃げ込んで暮らし、私はOより「家を預かるように頼む」とお達しを受けたので、我々夫婦が留守を預かることになった（この間も取り立ては非常に凄まじかった）。

話はOへ加担したF弁護士の答弁書に戻る。そこには「訴外N子は原告と離婚をしたいと考えたが、協議離婚は成立しなかった。そこで、訴外N子は離婚調停を申し立てようと考えたが別居後は連絡を取り合っていなかったので原告の住所地がわからず、したがってどこの家庭裁判所に調停を申し立てたらいいのかわからなかったため、調停を申し立てることができずにいたところ、原告から申し立てられた」との旨があるが、ふざけるのも大概にして欲しい。

都内に釣り出されて、様々な虚偽の約束事を押し付けてきて、Tシャツ1枚と短パン1枚だけで任意保険金狙いから「悪意のある遺棄」をし、いきなり住む場所も帰れる場所も失ってしまった私に住所も何もあるか！　強いて言うならば、ホテル住まいを強いられたアパホテルが私の住所か!?

連絡を取り合っていないだ?

次の日には「俺の自賠責保険金が入っている貯金通帳と実印を早急に返せ！」と妻に電話をしている！（何とかして取り戻したのは前出の通り）

平成23年4月6日に義父Oは私から100万円を受け取って、40万円は借りた金だと銘打って返して、更には60万円は長い間お世話になったお礼からの礼金であり「有難う」

だって？

そもそも、1円の金すら〇に向かって貸して下さいなんざ頼んだ事すら皆無なのに、何故に私が40万円も借りた事になっているのだ。

この100万円とは私に自賠責保険3000万円が降りてから、朝昼晩連日連夜、N子により「お願いだから家に纏まった金を貸して上げて！　そうすれば取り立ては来なくなるから」たる、ウンザリするぐらいの金の無心から貸してやった100万円だというのに！　血は繋がっていないが義理の父と母なので借用書までは作らなかったのが私の失策であった。判断能力が今より断然となかったので正確な判断が出来なかったし、まさか騙されるとは思わなかった。この時は微塵も思わなかった。

幼い二人の娘を一人前まで育て上げなくてはならない、就労不能な知的障害者・同名半盲の身体障害者の私が100万円もの大金をおいそれと差し出せる訳が物理的に不可能なのだ。

「本来であれば贈与を受けた以上、返す必要のない金銭であるが、トラブルに巻き込まれるのを回避するため」だって？　本当に贈与されたならば60万円すら返さないだろうに。

さらに、何のトラブル？　己が障害者から金銭を摂取した認識を熟知しているから、有り金が60万円しかなかったから、それしか返せなかったのが正しき結論なんだろう。

「約10年間も高野憲一は家賃や生活費も一切支払わずに無償で義父宅に住み、無償で食事を与えられていた」だって？　どこにそんなに人の良い人間が存在するのか。居たら紹介してくれ。

「週に2回程度、午後12時過ぎに家を出て仕事に行っている」だって？　週5回の出勤が、Oから言わせると週2回になるらしい。しかも12時過ぎからだって？　どんな仕事だよ。

後に述べるが、私はN子と離婚してから、一生涯で稼ぐであろう7750万円の任意保険を頂いた。週2回の勤労時間だとすると、こんな大金は絶対に降りないはずだ。

義父母にはO建設が倒産してから「毎月15万円を入れてくれないか、頼みます！」と懇願され、私は15万円を借金をしてまで毎月入れてやった。

O並びにF弁護士は「複数の金融機関から借金を重ね返済を怠っていて取り立てが激化してきた」などと与太話を述べているが、新聞の勧誘員たる固定給のない完全出来高制の職に金を貸してくれる金融機関はありもしない。

Oに15万円を手渡すために、長女Nを育て上げながら仕事を滅茶苦茶頑張っても足りない分を、勤め先の新聞拡張団の団長Iさんが、私を取り巻く劣悪な環境に対し常に情けをかけてくれて無利息で貸してくれた金だ。その結果、私は総額で90万円の借金を負ってしまった。

毎月15万円もの大金を、妻娘を抱えながら血の繋がっていない義父母に手渡すのは決して簡単な話ではないのは誰もが分かる事だろう（娘が生まれてからは7万円に固定してもらった）。

週に一度や二度は義父母を焼き肉屋や寿司屋でご馳走し、旅行にも何度も連れて行った。週2回の仕事でこんな芸当は出来ない。

これほど与太話に一つ一つ反証するのには、それなりの理由がある。

例えばN子に対して「殺してやる！と叫んで棒を持って襲いかかって来た」なんて作り話を講じているが、私はそもそも「棒」なんざ1本も持っていない（野球のバットすら持っていない）。

わざわざ私の居ない時（2泊3日の北海道に行っている時）を見計らって、O親子は私の両親のところに別居したいとの要求をした。これにも極めて違和感がある。

何故に私に対して直に言わなかったのか？

何故に、そんなまどろこしく面倒な事をし、迂回までして私の留守を見計らってまで成田市から杉並区阿佐谷まで、わざわざ行ったのだろうか。

即ち、こうだ。O親子の真の狙いは、任意保険金からの財産分与だったので、既成事実を作り上げたく、私の親父や弟を丸め込んで高野憲一への包囲網を形成しようとした。あくまでも障害者の亭主を遺棄するのではなく、ソフト面から攻める悪しき計画だったのだ。

私の親父や弟が懇々と説得した、なんて作り話が見受けられるが、確かに親父と弟はO親子の言動を真に受けて完璧に丸め込まれていた。

O親子の条件は、あくまでも「今後一切お金は求めない」「好きな時に娘達とは会わせる」。この偽りの約束事を3時間に渡って私は一方的に押し付けられただけだ。

貸した金は返済せよ！④　義父の陳述書

前項では義父Ｏが雇った「Ｆ弁護士」が佐倉裁判所へ提出した答弁書を掲載したが、それと同時にＯが佐倉裁判所に提出した「陳述書」の全文も記載しよう。

「悪意のある遺棄ではなかった」「１００万円たる大金は借りておりませんよ」たる、正当化したいがための全ては虚偽の文章内容は許しがたき！　よくもまぁ、三流小説を書き上げたものだと思う。

【陳述書】

住所：千葉県成田市××××

名前：〇〇〇〇（義父〇）

第1：はじめに私は、平成26年（ワ）第463号資金返還等請求事件（以下「本件」といいます）で被告とされた者です。

本件の原告である高野憲一さん（以下「高野氏」といいます）の元妻である〇〇N子（以下「N子」といいます）は、私の娘です。

高野氏が平成23年4月6日に私に渡した100万円は、生活費に充てるために貸して欲しいと言われてN子に貸し付けた43万3000円の借金の返済金40万円と、長い間私の家に住まわせて生活させてもらったことに対するお礼金60万円として渡されたものです。

私が高野氏から100万円を借り受けたということはありません。

また、平成23年7月2日にN子と高野氏は別居することになり、その日以来高野氏は私の家に戻ってきませんでしたが、当時、N子に対する暴言及び暴力（以下「DV」といいます）からN子を保護するために、同日、高野氏の父親であるYさんと弟のSさんに高野氏を説得してもらった結果、高野氏はN子との別居に応じて、Yさんが用意したマンションの一室に留まり、私の家に戻らなかったのです。

N子や私が追い出したということはありません。

上記二点について、それまでの経緯を踏まえて、以下詳述いたします。

第２：高野氏が平成23年4月6日に私に１００万円を支払う経緯について。

1：身上等。

私は、昭和18年2月8日、父Sと母Yの三男として生まれました。

現在、72歳です。

昭和48年10月12日に、現在の妻K子と婚姻し、昭和50年3月31日には長女N子が生まれ、昭和52年12月15日には長男Kが生まれました。

2：生活費の貸付けについて。

結婚後数年間は高野氏とN子、長女Nの三人で生活していましたが、高野氏が十分な生活費を渡してくれないので、年々生活は苦しくなっていくとN子から聞いていました。

平成18年5月26日頃、今まで使っていた冷蔵庫が壊れてしまったため、新しい冷蔵庫を買わなければならないが、その購入資金がないので冷蔵庫の購入代金10万円を貸して欲しいとN子に言われ、10万円をN子に貸し付けました。

このときが、N子から生活費を貸して欲しいと言われた最初のときです。

その後も、N子は生活費が足りなくなるたびに私からお金を借り受けました。

私から足りない生活費を充てるためにお金を借りた日時及び金額は以下のとおりです。

平成18年5月26日に10万円・8月27日に5万８０００円・11月22日に8万５０００円・平成19年1月26日に６万円・２月27日に13万円（合計43万３０００円）。

3：同居後の生活費の支払いについて。

平成19年2月の貸付の後、N子から、家賃を支払うことができないほど経済的に逼迫しているので同居させて欲しいと連絡を受けました。

私は、毎月いくばくかの生活費を支払うことを条件に同居することを了承しました。

その後、平成19年5月頃から、N子、長女N及び高野氏の三人が私の家で生活するようになりました。

N子は、同居後、約半年は定期的に生活費として月に何万円かを支払ってくれましたが、平成19年12月に1万円を支払ったのを最後に生活費は支払われていません。

長女Nの幼稚園の費用等経済的な支出が増えたからだと聞いています。

4：高野氏が交通事故に遭ったことについて。

高野氏は、次女Aの誕生日である平成21年4月19日に交通事故に遭い大怪我を負いました。

とても大きな事故でしたので、事故に遭った高野氏のことを私もN子もとても心配していましたので、高野氏が集中治療室にいたときは、毎日お見舞いに行きました。

高野氏は平成21年7月頃に退院しました。

退院直後、高野氏が優しく穏やかになったとN子がうれしそうに話したことがありました。

このときの様子から、いろいろあったけど、高野氏とN子は仲が良いのだと思っていました。

N子から高野氏に殴られたという報告を受けた平成23年4月中旬まで、高野氏のN子に対するDVについては知りませんでした。

平成23年4月初め頃、高野氏に対し交通事故の損害賠償として3000万円が支払われたことを知りました。

当時、私は、平成14年頃まで経営していたO建設株式会社の事業資金として借り入れた約2300万円に、300万円の遅延損害金を加算した約2600万円の保証債務を千葉信用保証協会に対して負っていました。

しかし、同協会に対する債務については、私が所有する自宅とその敷地を物的担保として提供しており、返済を強く求められているわけではありませんでした。

また、O建設株式会社には、複数の取引先に対する約400万円の債務がありましたが、平成23年4月頃には、すでに5年の商事消滅時効が経過しており、債権者からの支払請求は受けていませんでした。

したがって、高野氏が3000万円の賠償金を得たことを知った当時、私は借金の取立てに追われていたわけではなく、また、金銭的に裕福というわけではありませんでしたが、経済的に逼迫していたというわけでもありませんでした。

平成23年4月6日、高野氏は、私の居間において、私、私の妻K子及びN子の目の前で、100万円を差し出し、生活費として借りた40万円と今まで世話になった礼金60万円です、受け取ってくださいと言いました。

このような高野氏の様子を見た私は、高野氏が事故をきっかけにして人間的に成長したと思い、非常に感慨深い思いになり、心から素直に「ありがとう」と言って、高野氏から100万円を受け取りました。

このとき高野氏は、父親であるYさんに世話代として100万円を払いました。高野氏の父親の弟であるJさんにも世話代として100万円渡そうとしたが、受け取ってもらえなかったと話していました。

平成23年7月中頃、私は、N子から、高野氏が同年6月下旬頃から、頻繁に、60万円の返還を求める電子メールを送りつけてくるという話を聞きました。

N子の話を聞いた私は、平成23年4月6日に高野氏から受け取った100万円のうち60万円は高野氏が私に対する感謝の気持ちとして渡してくれた礼金であり、贈与を受けたものであるので返す義務のあるお金ではないと思いました。

しかし、この頃、後述のとおり、すでに高野氏のN子に対するDVのことを知っていましたので、60万円を返さないことでN子に対するDVがさらにエスカレートするかもしれないと考えて、返金することにしました。

私は、平成23年7月21日に30万円、翌22日に30万円を高野氏に送金し、高野氏からN子が返還を求められていた60万円全額を返還しました。

第3：平成23年7月2日に高野氏が私の家を出て行く経緯について。

1：高野氏のN子に対するDVを認識した経緯について。

平成23年4月中頃、私は、高野氏から殴られたとN子から打ち明けられました。

N子の話を聞き、私は、驚くとともに高野氏に強い憤りを感じ「娘になんてことをしたんだ！」と直接高野氏に言いました。

私に叱られた高野氏は、そのときは謝りましたが、本心から反省しているようには見えませんでした。

２：平成23年６月11日の話合いに至る経緯。

Ｎ子から高野氏によるＤＶのことを打ち明けられた数週間後、高野氏のＤＶが日に日にエスカレートしているので、一日も早く高野氏と別居したいという話をされました。

その後、Ｎ子が、高野氏の父親であるＹさんに電話連絡し、ひどくなるＤＶの現状を話した上で一日も早く別居したいと伝えたところ、Ｙさんが話合いの機会を設けてくれることになったと聞かされました。

高野氏の父親であるＹさんとの話合いの場に高野氏が来ることになれば、感情的になった高野氏が帰宅後にＮ子に危害を加える可能性が高いと考えた私は、高野氏が友人等と旅行に行って不在になる平成23年６月11日、私たち三人がＹさんのお宅に到着すると、Ｙさん、高野氏の義母であるＥさん、弟のＳさん及びＦさんが集まっていました。

この場で、Ｎ子は、今まで受け続けたＤＶのことをすべて話しました。

Ｎ子の話を聞き終わったＹさんは、一日も早い別居のために高野氏を説得してくれると約束してくれました。

弟のＳさんも高野氏を説得してくれると約束してくれました。

その後、さらに話合った結果、高野氏を説得するための話合いの日時を平成23年7月2日午後1時にすること、同日をもって高野氏がN子の実家を出て行きN子と別居すること、同日以降高野氏が生活する部屋については高野氏の父親であるYさんが用意すること、平成23年7月2日の話合いはその部屋で行うことが決まりました。

3：平成23年7月2日の話合いに至る経緯。

高野氏の父親であるYさんは、自身が勤めている会社が入っているビルの隣のマンションの一室を、高野氏が別居後生活する部屋として用意しました。

平成23年7月2日、私と妻K子、N子、NとAの五人で上記マンションに車で向かいました。

妻K子、N及びAを車に残して、私とN子が午後1時頃に部屋に行くと、既に、高野氏、高野氏の父親であるYさん及び弟のSさんが集まっていました。

高野氏、Yさん及び弟のSさんは午前中のうちに部屋に集まった上で、三人で話合いを行っており、高野氏は、Yさんと弟のSさんが説得して別居に応じると話していると聞きました。

しかし、私とN子が加わって話合いが進んでいくと、高野氏は、荷物の片付けがあるので一週間だけ私の家に滞在させて欲しいと駄々をこね始めました。

当時、高野氏は振り込まれた賠償金を使って一家四人での引越しを計画しており、高野氏の荷物は既に梱包が済んでおり、荷物の片付けに一週間もかかるような状態ではないことを知っていました。

そこで、私は、荷物の片付けの必要があるというのは口実で、私の家に事実上居座ることが目的だと思い、高野氏の要求には応えられないと本人に伝えました。

その後もしばらく駄々をこねていましたが、Yさんと弟のSさんの説得もあり、最終的に、今日限りで私の家には戻らないこと、したがって、今日限りでN子とは別居することを承諾しました。

私の家にある高野氏の荷物は、高野氏の指示があり次第、そこに送ることになりました。

話合いが終わり、私とN子が帰ろうとマンション駐車場まで行くと、高野氏も付いてきました。

N子は、別居することになった場合、高野氏には、処方されている薬と数日分の着替えが必要になると思い、衣装ケースにそれらを入れて持ってきていました。

N子が、部屋からついてきた高野氏に対し「薬と着替え持ってきたよ」と言って、車に詰まれた衣装ケースを示しましたが、高野氏は一切受け取ろうとしませんでした。

マンション駐車場に下りてきた高野氏は、すぐに部屋に戻っていきました。

その後、私たちは、高野氏に見送られることもなく、家に帰りました。

4：離婚に至る経緯。

別居の翌日である平成23年7月3日、N子から、高野氏が「お前たちみな殺しにしてやる！」と脅迫されたという話を聞きました。

私は、高野氏なら本当に私たちを殺そうとするかもしれないと恐怖を感じたので、翌日、妻K子及びN子とともに成田警察署へ相談に行きました。

事態を重く受け止めた警察官の方は、親身になって相談に乗ってくれました。

そして、緊急事態が発生したら電話するようにと、私、及びN子の携帯電話に110番登録をしてくれました。

さらに、早急に千葉地方裁判所佐倉支部に対し配偶者暴力に関する保護命令申立てを行うようにアドバイスをもらいました。

警察官のアドバイスに従い、N子は、平成23年7月21日に千葉地方裁判所佐倉支部に配偶者暴力に関する保護命令申立てを行いました。

申立ての後、同年8月2日に保護命令を出してもらいました。

早く離婚して欲しかったのですが、高野氏が離婚の話合いに応じず、協議離婚は成立しませんでした。

そこで、N子が離婚調停を申し立てようと準備していましたが、N子が申し立てるより早く高野氏が千葉地方裁判所佐倉支部に対し離婚調停を申し立てました。

その後、平成24年11月12日に離婚調停が成立したと聞きました。

高野氏は、当時9歳のNと当時3歳のAが成人するまでの養育費として300万円を一時金として支払い、その後は一切養育費を支払わないという養育費の支払案を提示し、N子が承諾したと聞いています。

5：離婚成立後も、高野氏は、私の家に電話をかけてきて、私やN子に対する罵詈雑言を浴びせてきました。

また、N子に電話連絡をしたり、メールを送ったりして、私やN子に対する暴言を繰り返していると聞いています。

さらに、高野氏は、N子に送ったメールの中で、養育費として支払った３００万円と私に借金の弁済として支払った40万円を返還するようにN子に求めていると聞いています。

養育費３００万円は調停という裁判所での手続きを経て高野氏も納得して支払ったお金です。

また、平成23年４月６日に高野氏から受け取った１００万円のうち40万円は生活費として貸し付けた借金の弁済として支払われたお金です。

３４０万円を高野氏に返すべき理由はないのに、なぜ、返せと執拗に返還を求めてくるのか理解できません。

以下のとおり、高野氏が平成23年４月６日に私に渡した１００万円は、N子が生活費に充てるために借り入れた43万３０００円の借金の返済金40万円と、実家に住まわせてもらったことに対するお礼金60万円です。

また、高野氏は平成23年７月２日からN子の実家に戻りませんでしたが、N子に対するDVを知った高野氏の父親であるYさんと弟のSさんに説得されて自発的に戻らなかったのであり、私が追い出したということはありません。

◎高野憲一の反論

当時、同棲時代にN子が実家から借りていたとする金の日付を克明に書き記してあるが、何とかして私が義父Oから40万円を借りたという、いかにもあったかのような既成事実に持って行きたいがために虚偽の記載を行ったのは誰もが理解出来る（こんなものどうにでも書ける）。

冷蔵庫が壊れたから10万円を借りたなど平気で戯れ言を述べているが、世田谷区上馬の借家に住む時に新居祝いとしてOより冷蔵庫をプレゼントされたのが真実。いつの間にか冷蔵庫代金を借りた事になっているという、Oの安定した嘘。

この世田谷区上馬での仕事の新聞拡張員は、17歳から月にコンスタントに平均50万円（最高80万円）を稼ぐほど腕には自信があったので順調であった。しかし、流石にこの世界では牙城と謳われていた「世田谷区で朝日新聞」の拡張は、今までとは違い思ったように稼げず、この世界では私は初めての挫折感を味わった。

新聞の拡張員とは完全出来高制の仕事なので、長女Nの未来の行く末を考えて、ここは心機一転、キチンとした会社での固定給の仕事を探し始めていたところ、セブン-イレブンの店長たる非常に好条件の募集が目に留まったので、面接を受けてみる事にした。何度も何度もセブン-イレブンのオーナー達との面接を繰り返し受け続け、数々の難関を突破し、私は50人以上のうちの一人に選ばれてしまった。これには私自身、驚いてしまった。

そして、セブン-イレブンでの勤務が始まったのだが、働いているアルバイトの人間達によって凄まじい嫌がらせを受けた。即ちパワハラ。特にオバチャン達。

着る制服を隠されて仕事が出来なかったり、仕事を殆ど教えてくれなかったり、レジの金が合わないのは高野さんのせいだと濡れ衣を着せられたり……。嫌み蔑視軽蔑は極当たり前の光景で、文字通り四面楚歌状態だった。根性は座っていたので私は妻にも言わずに隠忍自重し、ひたすら耐え抜いた。

だが、毎日、朝から晩まで嫌がらせを受け続け、遂に私は堪忍袋の緒が切れて、アルバイトの人々に怒鳴りつけてやった。

「いい加減にしろよアンタらよ！　様々な嫌がらせをし続けて何が楽しいのだ。こんな劣悪な職場環境でマトモに働ける訳がねぇだろうよ。俺はこの店の店長候補生としてキチンと選ばれた身なんだぞ！」

溜まりに溜まり、耐え抜き続けた感情が爆発的な反動となり何かがはちきれた。

「アンタらの思惑通りに辞めてやるよ！　この店で何故に店長が育たないで辞めて行くか、全てアンタらのせいだったんだな。よくよく分かったよ」

全てをぶちまけて次の日からセブンーイレブンには行かなかった。店側に非があったのか、オーナーからは電話連絡は一切来なかった。

セブンーイレブンの店長はボーナスも高額で貰え、月給もアルバイトとは額が違い過ぎるので、仕事を何も知らないまま好条件で入って来る店長候補生に対して嫌がらせをし続け、辞めさせようとする気風が蔓延しているという経緯を後に知った。

妻とNを食わして行かなければならないので、再び就職活動が急務となり、月収の高いキチンとした会社に勤めたかったのだが、なかなか見つからなかった。スーツを着て新宿・渋谷・池袋……と面接を繰り返す日々。その間、生活費を捻出するのにどうしたかと真相を述べると、実父Yに直接会って頭を下げ、総額１０５万円の借入れをした（交通事故の退院直後には全く金がなかったので、改めて60万円を借り、プラスして総額１６５万円となったが、全ては自賠責保険金から全額返した）。

従って、N子が実家に金を借りに行っていたというのは全て真っ赤な嘘の作り話であり、実際には私が実父と直接会って借りていたのである。

義父母は世田谷区上馬の借家に、孫のNに会いに成田市から頻繁に車で来るので、二人に本音を詳しく聞いたら、「常になっちゃんと一緒に居て暮らしたい」と願いを述べてきた。ならば、再び成田で一緒に暮らしてみるか？　とN子に尋ねてみたら、非常に喜んでいたので我々三人は成田市のOの分譲マンションの一室、10畳一間に戻った。

これが私の人生を狂わせてしまった最悪の決断だった。

成田市に戻らなければ交通事故にも遭わずに、高次脳機能障害に同名半盲たる病とは無縁な人生を送っていた事だろう……。

義父OはN子に貸したとする日付や金額は克明に記載してあるが、私が入れた生活費の金額などについては、「約半年は定期的に月に何万円かを支払ってくれました」などと途端に曖昧になり、いつの間にか半年間に限定して平気で嘘を述べ、私が入れた詳細は全く書き記していない。同居してから、私は再び新聞の拡張員をやり、10万円～15万円を生活費としてN子経由で義父母に手渡していた（Nが幼稚園に通うようになってからは10万円で納得してもらった）。

この嘘八百だらけの〇の陳述書には、やたらと「N子へのDV」を盾にして、錦の御旗の如く必死になって論じているが、そもそも診断書などあるのか？

傷は？　あざは？　打撲は？　捻挫は？　全くありませんね。

成田警察署も佐倉裁判所も、ものの見事に〇親子の言葉だけを信用して綺麗に欺かれた訳だ。確実に見抜けなかった事が大問題。

居間で私が、義父〇・義母K子・N子の前で１００万円を差し出し、「生活費として借りた40万円と今まで世話になった礼金60万円です」と述べて渡したって？

そもそも、私が〇に1円でも金を貸して下さいなど、天地神明に誓って頼んだ事すらも一度もなければ、40万円も借りてるなんざ、ありもしないのに、こんな台詞を平気で言う。

私がこの場で述べたのは、「N子から毎日毎日、朝昼晩、無利息・無担保で実家に纏まったお金を貸して上げてお願いだから！　そうすれば取り立てが来なくなるから」と余りにも頼んでくるので、「NとAを一人前まで育て上げなくてはならない俺の命の貴重な代替え金だが、自宅に取り立てが来なくなるなら100万円を貸して上げるよ」と封筒に入れて貸してやったに過ぎない。

既に就労不能と診断され働けない身分の私が、NとAの将来も考えずに気前よくポーンと大金を渡す訳がない。

そして、「人間的に成長したと思い、非常に感慨深い思いになり、心から素直にありがとうと言って100万円を受け取りました」だって。与太話を人様に信じてもらうために、最もらしいストーリーに作り上げているという、つまらないドラマよりも酷《ひど》過ぎるストーリー展開には怒りを覚える。

「父親であるYさんに世話代として100万円を払いました」って？　これは世話代ではなく単に借りた金を返しただけである（退院後で金が全くなく、毎月親父が20万円ずつ振り込んで貸してくれた金と、世田谷区上馬に住んでいた時に借りた金の総額が165万円。N子が一番よく知っている筈だ）。

叔父のＪさんには十代の駆け出しの頃、部屋を借りた時に貸して貰った金を返すために都内に50万円を持って返しに行ったが、Ｊさんは０とは全く違う見解を示した。

「これから二人の幼い娘を育て上げなきゃならないのに、働けなくなってしまったお前から例え貸した金だとしても貰える訳がないだろ。絶対に受け取らないからな！　それを受け取ったら俺は乞食になってしまう」

２時間に渡って説得され続け、何が何でも受け取ってもらうよう私は叔父を説得し続けたが、これ以上は無駄だと思い、返すのを諦めて成田に帰った。これが真人間の物言いであり、０とは天と地の雲泥の差がある。

Ｎ子の実弟Ｋに至っては、リビングで０家の家族が居る前にも関わらず、私に向かって「自賠責保険金の３０００万円から30％を寄越せ！」と恐喝・恫喝たる脅しをしてきたぐらい酷過ぎた。目の前で障害者が脅されていたら、通常なら即刻止めてＫを徹底的に叱るべきなのが０親子は黙認していた。怒る役・なだめる役・嘘を述べる役・怒らせる役……。典型的な劇場型オレオレ詐欺だ。

都内に「悪意のある遺棄」までしておいてＤＶがどうやってエスカレートするのか。

「怖いから60万円だけは返した」。贈与されたと謳うなら返さなければ良いではないか。即ち何かと金に困っていたOの「手元に60万円しかなかった」のは最早明らか。40万円はN子が密かに実家に金を借りに来ていた事にし、口裏を合わせたのもバレバレなのだ。

「娘になんてことをしたんだ！」と戯れ言を述べているが、こんな事を言われた事すらない。それで、私が謝っただって？　自賠責保険金が降りてからN子は「金の無心」（即ちユスリタカリ）しかしないので夫婦喧嘩は絶えなかったが、私は逆にN子からほっぺたをひっぱたかれ、「金がもっと必要なんだよ！」と虐待を受けていたのが真実。

O親子の策とは、まずは判断能力のない障害者の自賠責保険金を徹底的に搾り出して摂取し、金を密かに降ろす。そして任意保険金がそろそろ降りると判断するや、その辺に置き去りにしたら保護責任者遺棄としての刑事罰を科せられてしまうので、外堀から埋める事とし、私の実父や実弟を籠絡させ、「決してO親子が高野憲一を遺棄したのではないですよ。お父さんと弟さん達が説得をして家を出て行ったんですよ」と導く――。

狡猾かつ極めて悪質な計画であることは明白なのだ。

私が非常に残念なのは、実父と実弟がコロリとO親子に嵌められてしまった事だ。陳述書の中では「説得され別居に応じている」などと述べられているが、爪すら切れない、カップラーメンすら作れない知的障害者が一人で生活する事を決意表明する訳がなくそんな勇気もない。

O親子は3時間に渡って「今後お金は1円も求めない」「好きな時に娘達とは会わせる」と数々の偽りの約束事を押し付けて遺棄したに過ぎず、私の意思なしに夏場の全荷物を成田から車に勝手に搭載してきたのが真相であり、大切な大量の荷物を片付けるには1週間はかかると同時に、当初は貸倉庫に全ての荷物を入れると約束を交わした筈が陳述書では「事実上居座る事が目的」にすり替わっている。どこまでも嘘だらけなのである。

さらに「お前たちみな殺しにしてやる」と脅迫された？

全くの逆の話！　悪意のある遺棄をされた後、N子に対して電話で「俺はもう自殺をして高次脳機能障害者の最期として死んで国に記録を残してもらう」と宣告したに過ぎず、「死んでくれた方が有り難い」とN子が述べてきたのが真相。

「高野氏が離婚の話合いに応じず、協議離婚は成立しませんでした」だって？

N子は電話にて、「任意保険金は降りた？　降りたならば早急に離婚しましょ！」としか述べて来なかったのが真相（財産分与の対象が任意保険だ）。

任意保険金こそ、O親子が狙う悪しき計画の最終章だったので、前出したが、極めて危険な状況を察知した私の方から民事の弁護士と補佐人の弁護士を雇って離婚調停を持ちかけたのが真相。

娘達との面会交流すらマトモに守らないN子に対して、私は裁判事項に則って、そもそも支払わなくても良かった３００万円まで請求され、一括で支払った。にもかかわらず、約束を守らないN子に、「裁判事項を守らないなら、不治の病を二点も抱えてしまった障害者の大切な３００万円を速やかに返してくれたまえ」と述べるのは極自然な話。

貸した金は返済せよ！⑤　元妻N子の陳述書

前項では佐倉裁判所に義父Oが提出した嘘八百だらけの「陳述書」の全文を掲載した。そして、この悪意極まりない人間に加担した障害者の敵である「F弁護士」一派は、何としてでも虚偽を作り出し、それを真実として認めさせるために必死かつ躍起になって、更に嘘を念入りに塗り固め、N子にも陳述書を作成させ、佐倉裁判所に提出した。

ここにはその全文を掲載しよう。

そもそも、義父Oは私から40万円を返して貰ったり、60万円を贈与として正当な理由として受け取ったりしたのが真実ならば、F弁護士を雇う必要もなければN子の陳述書など全く持って不要なのである。即ち、己に多大なる非があるという証左。

N子の陳述書は以下のとおり。

【陳述書】

住所：千葉県成田市××××

名前：〇〇N子

第1：はじめに私は、平成26年（ワ）第463号資金返還等請求事件（以下「本件」といいます）の原告である高野憲一さん（以下「高野さん」といいます）の元妻です。

高野さんが平成23年4月6日にお父さんに渡した100万円は、足りない生活費に充てるために私がお父さんから借り入れた43万3000円の借金の返済金40万円と、長い間お父さんの家に住まわせてもらったことに対するお礼金です。

お父さんに100万円を貸し付けたということはありません。

また、平成23年7月2日に私と高野さんは別居することになり、その日以来高野さんはお父さんの家（以下「私の実家」といいます）に戻ってきませんでしたが、当時、私に対する暴言及び暴力（以下「ＤＶ」といいます）がエスカレートしていて、私は「このままでは殺される」と本気で思うようになり、一日たりとも高野さんと一緒にいることはできないと思ったため、同日、高野さんの父親であるＹさんと弟のＳさんが高野さんを説得した結果、高野さんは、Ｙさんが用意したマンションの一室に留まり、私の実家に戻らなかったのです。

私やお父さんが追い出したということはありません。

上記二点について、それまでの経緯を踏まえて、以下詳述いたします。

第２：高野さんが平成23年4月6日にお父さんに１００万円を支払う経緯について。

１：身上等。

私は昭和50年3月31日、本件で被告とされている０とＫ子の長女として生まれました。

現在39歳です。

平成15年3月5日に、本件の原告である高野憲一さんと婚姻し、同年4月2日には長女N（以下「N」といいます）が生まれ、平成21年4月19日には次女A（以下「A」といいます）が生まれました。

2：お父さんからの生活費借り入れについて。

結婚後数年間は高野さんと私、Nの三人で生活していましたが、高野さんが十分な生活費を渡してくれないので、年々生活は苦しくなっていきました。

平成18年5月頃、今まで使っていた冷蔵庫が壊れてしまいました。

新しい冷蔵庫を買う必要がありましたが、その購入資金がなかったため、同月26日、お父さんから冷蔵庫の購入代金10万円を借り受けました。

これが、生活費としてお父さんからお金を借りた最初のときです。

その後も、生活費が足りなくなるたびにお父さんからお金を借り受けました。

お父さんから足りない生活費に充てるためにお金を借りた日時及び金額は以下のとおりです。

平成18年5月26日に10万円・8月27日に5万8000円・11月22日に8万5000円・

平成19年1月26日に6万円・2月27日に13万円、合計43万3000円。

お父さんから生活費に充てるために借金したことは、当初高野さんには黙っていましたが、十分な生活費を渡してくれないことについて私と高野さんが言い争いになったときに、「足りない生活費はお父さんから借りてるんだから」と伝えました。「いくら？」と聞かれたので「40万円ぐらい」と応えると、高野さんはお父さんから足りない生活費を借りているとは思っていなかった上に、40万円もの高額の借金であったので、非常に気まずそうな、バツの悪そうな顔をしていました。


3：お父さんへの生活費支払いについて。

その後、家賃の支払いが滞るようになり、また、毎月家賃を支払うことが経済的に難しくなってきたので、平成19年5月頃から私の実家に家族三人で同居させてもらうことになりました。

同居を始めるに際し、お父さんから毎月生活費を支払って欲しいと言われました。

同居後、約半年は定期的に生活費として数万円を支払っていましたが、Nが通う幼稚園で必要になる費用が多くなったため、平成19年12月に1万円を支払ったのを最後に生活費の支払いを行っていません。

同居に際し、同居後一定の生活費を定期的に支払うという約束をしたこと、及び、約半年は生活費を支払っていたがその後生活費を支払っていないことは、高野さんも知っていました。

生活費を支払っていないことを話すと話をはぐらかしたり、急に怒り出したりしていたので、高野さんは、支払うべき生活費を支払わずに私の実家に住み続けていることに対して、気まずい思いをしていたと思います。


4：高野さんが交通事故に遭ったことについて。

高野さんは、Aの誕生日である平成21年4月19日に交通事故に遭い大怪我を負いました。

当時私は、Aを出産した直後でしたが、高野さんが同日入院し、平成21年7月頃に退院するまで、約3ヶ月間、毎日、病院に通って、着替えや食事の世話など看病を行いました。

入院直後は非常に危険な状態で集中治療室に運ばれましたが、治療の甲斐があって、高野さんは平成21年7月頃に退院しました。

退院したとき、高野さんは、私に対して「ありがとう」「お前のおかげだ」と感謝の言葉をかけてくれました。

この言葉を聞いて、私は、高野さんが交通事故で体が不自由になって、何もできなくなったとしても、それでいい、ずっと支えていこうと決心しました。


5：高野さんのDVが始まったきっかけについて。

高野さんは、退院後しばらくおとなしくて穏やかでしたが、退院後1ヶ月が経過した平成21年8月頃から、ささいなことで怒り出すようになりました。

例えば、掃除機の音がうるさいと言って怒ったり、観ているテレビの前をNが横切っただけで、Nを怒鳴りつけたり、私に対しても「お前のしつけが悪い」と怒ったりしていました。

交通事故の影響で以前と同じように体を動かすことができないからだろうと、しばらくは何も言い返しませんでしたが、あまりに理不尽なときに言い返すと、言い争いになりました。

この頃から、言い争いになって、分が悪くなると、高野さんは私に暴言を吐き、枕を投げるなど間接的な暴力を振るうようになりました。

高野さんの私に対するＤＶは、日に日にエスカレートしていきました。

しかし、高野さんは、同居している私のお父さんとお母さんには、私に対するＤＶを知られたくないと考えていたようで、父母がいるところでは暴言を吐いたり、暴力を振るったりすることはありませんでした。

ＤＶは、父母のいない出かけ先の車の中や、父母が不在のときに行われることが多かったです。

そのため、高野さんの私に対するＤＶについて、お父さんやお母さんは、私が高野さんから殴られたという話をした平成23年4月頃まで知らなかったと思います。

６：平成23年3月29日、高野さんは交通事故の損害賠償として３０００万円もの大金を手にしました。

賠償金の額及び支払時期については、代理人の弁護士の方から聞いていたので、知っていました。

３０００万円もの大金を手にいれた高野さんは、今まで買い物ができなかったうっぷんを晴らすかのように、インターネットを使って大量の買い物をするようになりました。

交通事故に遭ったために以前と同じように体を動かすことができず、不自由な思いをしているのだから、損害賠償金については高野さんが自由に使ったらいいと思っておりました。

しかし、生活費は払ってもらわないと、私とN、Aの生活が成り立たないので、高野さんと話し合った上で、賠償金が支払われた月の翌月である平成23年4月から月額20万円を生活費として支払ってもらうことになり、平成23年7月分まで合計80万円を支払ってもらいました。

その後は、離婚が成立する平成24年11月12日まで婚姻費用を支払っていません。

大金を手にした高野さんは、今まで世話になった人にお礼すると言って、高野さんの父親であるYさんに世話代として100万円を払ったと言っていました。

また、高野さんの父親の弟であるJさんにも世話代として100万円渡そうとしたが、受け取ってもらえなかったとも言っていました。

高野さんがこのような話をしていた平成23年4月6日、高野さんは、私の実家の居間において、お父さん、お母さん及び私の目の前で、100万円を差し出し、生活費として借りた40万円と今まで世話になった礼金60万円です、受け取ってくださいと言いました。

私のお父さんとお母さんは、感慨深そうな面持ちで「ありがとう」と言い、高野さんから100万円を受け取りました。

そのときの高野さんの様子は、お父さんからの借金を打ち明けられたときの非常に気まずそうな、バツの悪そうな顔とは打って変わって、自信に満ちた「どうだ！」と言わんばかりの顔をしていました。

第3：平成23年7月2日に高野さんが私の実家から出て行くに至る経緯について。

1：DVの激化について。

平成23年4月中頃、高野さんから殴られたことがありました。

それまで、両親に心配をかけまいと両親には高野さんのDVのことを話していませんでした。

しかしこの頃の高野さんは、怒り出すと周囲の人や実の娘であるNとAが見ていても関係なく、目を血走らせ「殺す」という言葉を躊躇なく使い、殴りかかってきたり、摑みかかってきたりしました。

このような高野さんに対して、私は「本当に殺されてしまうかもしれない」と恐怖を感じていました。

そこで、平成23年4月中頃に高野さんから殴られたことを、その日のうちに両親に話しました。私の話を聞いたお父さんは、高野さんに直接「娘になんてことをしたんだ！」と言いました。

私のお父さんに叱られた高野さんは、そのときは謝りました。

しかし、このことをきっかけに、高野さんの私に対するＤＶはさらにエスカレートしていきました。

私は平成23年7月21日に千葉地方裁判所佐倉支部に配偶者暴力に関する保護命令申し立てを行い同年8月2日に保護命令を出してもらいました。

2：平成23年6月11日の話合いに至る経緯。

高野さんの私に対するＤＶがエスカレートし、私は「このまま一緒にいたら殺される」と考えるようになり、一日も早く高野さんと別居したいと考えるようになりました。

しかし、離婚の話をしただけで逆上して、罵声を浴びせながら殴りかかってくる高野さんが、別居の話に素直に応じるとは到底思えませんでした。

そこで、私は、従来まったく没交渉でしたが、すがる思いで、高野さんの父親であるYさんに電話連絡し、高野さんの私に対するDVが尋常ではなくこのままでは本当に殺されるかもしれない、一日も早く別居したいと話しました。

私の話を聞いたYさんは理解を示してくれました。

より詳しい話合いをするために、私と私の両親は、平成23年6月11日にYさんのお宅に訪問することになりました。

平成23年6月11日、Yさんのお宅には、Yさん、私及び私の両親の他、高野さんの義母であるEさん、弟のSさん及びその奥様であるFさんが集まっていました。

この席で、私は、今まで高野さんから受け続けたDVのことをすべて話しました。

私の話を聞き終わったYさんは、一日も早い別居のために高野さんを説得してくれると約束してくれました。

また、弟のSさんも高野さんを説得してくれると約束してくれました。

その後、高野さんを説得するための話合いの日時は平成23年7月2日1時とすること、同日をもって高野さんが私の実家を出て行き私と別居すること、同日をもって高野さんが生活する部屋については高野さんの父親であるYさんが用意すること、平成23年7月2日の話合いはその部屋で行うことを決めました。

3：平成23年7月2日の話合いに至る経緯。

高野さんの父親であるYさんは、勤めている会社が入っているビルの隣のマンションの一室を、高野さんが別居後生活する部屋として用意しました。

平成23年7月2日、私と私の両親、NとAの五人で上記マンションに車で向かいました。私とお父さんが午後1時頃に部屋にいくと、既に、高野さん、高野さんの父親であるYさん及び弟のSさんが集まっていました。

三人は午前中に集まった上で、三人で話合い、Yさんと弟のSさんの説得に、高野さんは納得して別居に応じると言っていたと聞きました。

しかし、私とお父さんが到着して、話合おうとすると、荷物の片付けがあるので一週間だけ滞在させて欲しいと駄々をこねだしました。

このころ、私は反対していましたが、高野さんは振り込まれた賠償金を使って、一家四人で住む新居に引っ越そうと計画をしており、自分の荷物は既に梱包済みの状態で、荷物の片付けに一週間もかかるような状態ではありませんでした。

この申し出を聞いたとき、私は、一週間滞在して、その間になし崩し的に私の実家に住み続けようとしていると思い、その申し出は受けられないと伝えました。

その後もしばらく駄々をこねていましたが、Yさんと弟のSさんの説得もあり、最終的に、今日限りで私の実家には戻らないこと、したがって、今日限りで私の実家にある荷物は、高野さんの指示があり次第、そこに送るということになりました。

話合いが終わり、私とお父さんが帰ろうとマンション駐車場まで行くと、高野さんも付いてきました。

別居するとなった場合、処方されている薬と数日分の着替えが必要になると思い、衣装ケースにそれらを入れて持ってきていたので、車の前に立つ高野さんに対し「薬と着替えは持ってきたよ」と言って、車に詰まれた衣装ケースを示しましたが、一切受け取ろうとしませんでした。

そのとき私は、高野さんが薬を受け取らなかったのは、薬が私の実家にあれば、薬を取りに行くということを口実に私の実家にくることができると考えているからだと思いました。

マンション駐車場に下りてきた高野さんは、娘二人の顔を見ると、すぐに部屋に戻っていきました。

その後、私たちは、高野さんに見送られることもなく、私は実家に帰りました。

4．離婚に至る経緯。

別居の翌日である平成23年7月3日午前中に、高野さんから私宛に電話連絡があり、そのなかで、高野さんは、私に対し、昨日の話合いのことを「こんな汚いまねをしやがって！」「どうなるかわからないからな！」「お前たちみな殺しにしてやる！」と怒気鋭く脅迫しました。

「殺されるかもしれない」という恐怖心は以前から感じていましたが「お前たち」という言葉から、私だけではなく、ＮやＡも殺されるかもしれない、私の両親も殺されるかもしれないという恐怖が生じ、もはや自分だけでは自分と娘たち、そして両親を守ることはできないと思い、翌日、両親とともに成田警察署へ相談に行きました。

事態を重く受け止めた警察官の方は親身になって相談に乗ってくれ、緊急事態には電話するようにと、私と私の両親の携帯電話に１１０番登録をし、さらに、早急に千葉地方裁判所佐倉支部に対し配偶者暴力に関する保護命令申し立てを行いました。

申し立ての後、同年8月2日に保護命令を出してもらいました。

その後、離婚に向けて高野さんと話合いをしたかったのですが、まったく話合いにならず、協議離婚は成立しませんでした。

そこで、離婚調停を申し立てようと準備していましたが、私が申し立てるより早く高野さんが千葉地方裁判所佐倉支部に対し離婚調停を申し立てました。

その後、平成24年11月12日に離婚調停が成立しました。

この離婚調停の中で、高野さんは、当時9歳のNと当時3歳のAが成人するまでの養育費として300万円を一時金として支払い、その後は一切養育費を支払わないという養育費の支払案を提示してきましたが、私はこれ以上関わりたくなかったので、承諾しました。


5：離婚後も続くDVについて。

離婚成立後も、高野さんは私に電話連絡をしたり、メールを送ったりして、私や私の両親に対して罵詈雑言を浴びせてきます。

このメールの中で、高野さんは、Nと当時3歳のAが成人するまでの養育費として支払った300万円とお父さんに借金の弁済として支払った40万円を返還するように私に求めてきます。

養育費300万円は調停という裁判所での手続きを経て高野さんも納得して支払ったものなのに、返還を求められています。

これと同様に40万円も、借金の弁済として支払ったものなのに、本件でお父さんに対して返還を求めているのです。

第4：以上のとおり、高野さんが平成23年4月6日にお父さんに渡した100万円は、私がお父さんから生活費に充てるために借り入れた43万3000円の借金の返済金40万円と、私の実家に住まわせてもらったことに対するお礼金60万円です。

また、高野さんは平成23年7月2日から私の実家には戻りませんでしたが、私に対するDVを知った高野さんの父親であるYさんと弟のSさんに説得されて自発的に戻らなかったのであり、私やお父さんが追い出したということはありません。

◎高野憲一の反論

世田谷区上馬の借家で私、高野憲一と元妻N子、長女Nの三人の結婚生活の中、私が最終的に仕事を失敗し、就職活動中にN子とNの事を養うために借りたのは私の父親であるYからの総額105万円であり、血族でもない義父Oに頭を下げてまでして1円すらも借りてはいない（N子は、よくよく熟知している筈）。

仮にもN子がOから、40万円を借りていたなら家計の全般を支えていた私は結婚生活の中で即座に気付く筈。

40万円もの金を実家から借りているのを私に知らせたら「非常に気まずそうな、バツの悪そうな顔をしていました」だって？

この作り話が本当ならば、私は即断即決Oに電話を入れ、いくら借りているのか詳細に書き記し、「ご迷惑をかけてしまい済みません」とひたすら謝り、「再び仕事が軌道に乗り始めたら必ずや40万円を責任持ってお支払い致しますからね」と間違いなく告げている筈。

そもそも1億3000万円もの多大な借金を抱えて、債権者達や佐倉裁判所の通知すら受け取らないで徹底的に逃げ回っている無職の多重債務者のOに、果たして40万円も人に貸せる金があるのか？　物理的に無理だろうに。

再び同居してから約半年は生活費を入れてくれただって？　その「約半年間」たる曖昧な期間とは何だ？　こうした、私から渡して貰った金額や日付の、都合の悪い部分は意図的に一切記載していない。

私はマンションのリビングでOから「毎月15万円は入れて欲しい」と頼まれ、N子とN、Aを育て上げながら15万円もの金を支払うのは余りにも厳しかったが、取り立ても厳しく何かと金に困っていた無職のOに情けをかけて、N子経由で毎月15万円を生活費として入れるため必死になって働いた。

勤務先の東京新聞では、月間の契約数は常にナンバーワンだったので――私は班長まで上り詰めた――I団長（社長）にN子に渡せる生活費を差し引いてもOに渡せる15万円に到達しない場合は、I団長に借りてまでして金を工面した。そんな私は結局、90万円もの借金を抱えてしまったことに加えて、I団長に毎月毎月借りる訳にはいかないので、N子が作ったカードローンにまで手を出してしまい、50万円もの借金をこしらえてしまった。

N子と二人で成田市の郵貯の本局に何度行った事か！

なのに、半年後の12月の1万円を最後に生活費を入れなかったって？

では、多重債務者で無職のOが、高野憲一・N子・N・Aの四人を何から何まで養ってあげたとでもいうのか？　我々の携帯電話代や生命保険代、学資保険、住民税、所得税……何から何まで全てOが支払ってやった？　そんな金持ちの善人がどこに居るんだよ。居るなら紹介して欲しい。

では、生活費に困っていたならばN子は何故に結婚以来、無職だったのか？

生活費に逼迫していたならパートなり何なり働きに出るでしょう。

住み続ける事に対して「気まずい思いをしていたと思います」だって？

O夫妻を週に1回から2回は寿司屋や焼き肉屋や様々な飲食店でご馳走し、私はマンションの家の中では堂々と暮らしていた。二人が一番好きなのはスキー場なので何度も旅行に連れて行ってやったりもした。

「3ケ月間、毎日病院に通って看病を行いました」だって？　毎日など来ていないのが真実！　更には「交通事故で体が不自由になって何もできなくなったとしても、それでいい、ずっと支えていこうと決心しました」だって？　全くの口から出任せ。

「高次脳機能障害」たる病を何ら理解もせず、研究・勉強すらもせずに、私の自賠責保険金から親子揃って散々に摂取・着服し、任意保険がそろそろ降りそうなのを見計らって計画を練り上げ、常に介助が必要な障害者になってしまい、助けなければならない亭主を「都内に悪意のある遺棄」をする決心をした人間が、到底そんなことを考える筈がない。

陳述書の文中には、ＤＶをお父さんやお母さんに知られたくないから、留守など間隙を縫っては暴言や暴力を繰り返したなどと戯れ言を平気で述べているが、仮にも私がＮ子を毎回毎回殴っていたとしたならば、同居している娘（Ｎ子）のアザや傷跡などの異変に気付かない両親が果たして居るだろうか？

それにＯ夫妻は債権者達の存在を恐れて自宅の出入りには警戒しており、常に自宅に居て極力外出を控えていたため、部屋が違えど何でも聞こえてしまう分譲マンション内で、Ｏ夫妻が確実に家に居ないの確認するという、そんな器用な事を高次脳機能障害者の私が出来たであろうか？　もちろん、答えは否だ。

更に、果てしないＤＶを受け続けていたのであれば、なぜ同居中に一切合切を成田警察署に通報せず、私を都内に「悪意のある遺棄」をしてから、わざわざ「保護命令」の申し立てをしたのであろう。即ちその理由は、遺棄したという負い目があったからなのと、私の貯金通帳と実印を渡したくなかったからという計画の一環だからであろう。これは明白。私にはまだ弁護士も付いていなかったので、佐倉裁判所の裁判官に聞かれるまま、訳の分からないまま反論もせずにウンウン頷いていたら保護命令を出されてしまった……。

この佐倉裁判所を通した保護命令だが、彼らは刑事罰に処される「保護責任者遺棄」たる罪意識があった訳で、流石は悪意極まりない人間達、悪知恵は利く。それを逆手に取って「加害者から被害者」にすり替わろうと、これも計画通りだった訳だ。

真の狙いは今後、私に降りる任意保険金の財産分与で、これにて彼らの悪しき計画は完結する。

「インターネットを使って大量の買い物をするようになりました」とあるが、これは脳に効くであろう足裏のツボマッサージ器や少しでも病を治癒する可能性がある食品や物を購入しただけ（占めて13万円）。

私と話し合った上で毎月20万円の生活費を入れるようになった、といかにも民主主義らしい戯れ言を述べているが実際は全くの逆。何度か前出したが、N子は「20万円を貰えないと生活が出来ないのよ！」の一辺倒。10畳一間で20万円もかかる訳がない。

Oにリビングで100万円の金を貸した話が、いつの間にかN子から言わせれば「自信に満ちた『どうだ！』と言わんばかり」に見事にすり替わっている。どこまでも非を認めたがらず、与太話を永遠に講じたいらしい。

即ち、私に降りた3000万円から、いかにして摂取するかの作戦に切り替えたのであり、O親子は完全にグルだった。黒幕であり指揮を執っていたのはOだ。

もうこんな大根役者の演技に逐一反証するのも疲れるし、余りにも馬鹿馬鹿しい……。


文中では「殺す」や「殴りかかってきた」など、ありもしない事をいけしゃしゃあと述べているが、何とかして裁判所に認められたいがためのストーリーで、全ては偽り、完璧に誇大・誇張している作り話だ。

もし仮にも、私がこれらを本当にN子にしていたならば、本書及びブログにすべてを正々堂々と記載できないだろう。私がN子から「アンタは金だけ出しとけばいいんだよ。面倒見てやらないよ！」と日常茶飯に平手打ちされていた事実はあくまでも包み隠すのだ。

荷物が梱包済みだから1週間もかかる訳がないので申し出を断った?

ではなんで「今日だけはホテルに泊まって」と強く要望してきたの？

私の全荷物を返してくれる筈なのに、どうして「1ヶ月間」も返してくれなかったの？

更には勝手に私の夏場の荷物だけを車に搭載してきておいて、一番肝心な私の命の代償金の自賠責保険金が入っている「貯金通帳と実印」は敢えて持って来なかったの？

「今日だけはホテルに泊まって」と強く説得されたので、私は騙されて、その中からTシャツ1枚と短パン1枚だけを選んで持たされた訳だ……。重要な「薬」すらなかった杜撰さ。

「悪意のある遺棄」をされる直前の3時間は、話し合いどころかO親子の一方的な約束事の押し付けで、「お金は1円も求めない」、「好きな時に娘達とは会わせる」だった。私の実父も実弟も、O親子の発する偽りの言葉を信じ込んでしまったのだ。

そもそも実父が部屋を用意したと述べているが、そのワンルームマンションは親父が敷金・礼金を支払ってまでわざわざ借りた家なのか？

私が実父や弟に説得されて「自発的」に戻らなかったというのも有り得ない。

常に介助が必要な障害者であり、当時は一人で爪も切れなければ、カップラーメンすら作れなかった。加えて左側が見えない同名半盲の私が、これからという時の幼き可愛い娘達と生き別れる選択をする訳がない！　認めたくないが、この時の私はとてもではないが独り暮らしなんて絶対に無理な状態だった……。

そして、狡猾なO親子の真の狙いは、降りるであろう多大な額の任意保険金からの財産分与であることを様々な行政機関や弁護士から聞き、極めて危険な状態なのを察知した私は、弁護士を早急に雇い入れ、補佐人の弁護士も雇い、ガチガチに固めてから離婚調停を持ちかけた。しかし、「お金は1円も求めない」と述べていた筈のN子は、離婚調停にて我々三人をあっと驚かせた。いとも簡単に約束を反故にし、300万円もの大金を請求・要求してきたのである。

N子はこの陳述書の中で「私はこれ以上関わりたくなかったので、承諾しました」なんて全く逆の事を平気で述べている。悪意極まりない非人間であると言っても何ら問題はないだろう。

貸した金は返済せよ！⑥　佐倉裁判所の不当なる判決

義父OとN子のバリバリの「人権侵害」および「障害者虐待」の所業に加担したF弁護士。そのあらゆる虚偽に見事に丸め込まれてしまい、事の真偽や真実・真相を全く見抜けなかった佐倉裁判所の不当裁判たる判決の文面内容を割愛しながら記載してみよう。

【判決】　※原告：高野憲一、被告：O（義父）

原告は、平成26年8月31日、被告に対し100万円から合計60万円を控除した残金である40万円及び原告が離婚に際してN子に支払った３００万円の合計３４０万円を返還するよう被告に求めたが、これを拒否されたことから、同年11月17日、本件訴えを提訴した。

（※注記）高野憲一
そもそも、私は不法行為からの精神的苦痛の慰謝料と40万円からの遅延損害金５パーセントを合わせた合計２４０万円の訴訟を起こしたのに、いつの間にか３４０万円を返すように私が義父〇に求めたのを拒否されたために提訴したことになっている。この時点で趣旨から大きく外れてしまっているではないか。

１：金銭貸借契約に係る返還合意の有無について。
原告は、平成23年4月6日に被告に交付した１００万円につき原被告間において返還約束があったと主張し、これに沿う証拠としてはその旨を述べる原告本人の供述がある（原告本人）。
一方、被告は、返還約束の存在を争い、金銭交付の趣旨はN子への貸金の返済分と長年被告宅で原告が生活した礼金であること、後に合計60万円を2回に分けて支払った理由は、お礼金が60万円という内訳であったためその分は返還することとして、原告がN子に危害を及ぼすことがないようにした旨供述する（被告本人）。

その内容は原告、N子及び被告の生活歴に概ね沿っており、この被告本人の供述の内容に照らすと、上記原告本人の供述を直ちに採用することはできず、同供述を補強するような他の証拠も見当たらない。

そうすると、原告の上記主張は理由がないというべきである。

2：不法行為の成否について。

原告は、被告が十分な生活必需品や薬を持たせることなく、もともとの原告の居住空間への帰宅を拒絶したと主張し、これに沿う証拠としてはその旨をいう原告本人の供述がある（原告本人）。

しかしながら、原告及び被告のほか双方の親族も交えて原告とN子の別居に向けた話合いがなされ、話合いにおいては、原告の実父も含めて、原告とN子の別居について了解されていたことからすれば、その際、被告が原告に薬や着替え等の荷物を渡して別居を促した行為が原告に対する不法行為を構成するものとは解されない。

そうすると、不法行為に基づく損害賠償を求める原告の請求は、その余の検討をするまでもなく理由がない。

3：よって、注文のとおり、判決する。

高次脳機能障害たる病を何ら理解すらしていないどころか、狙われた障害者の保険金が騙されて摂取・着服され、最終的に「悪意のある遺棄」までされたという刑事事件と相違ない案件にもかかわらず、佐倉裁判所の不当裁判、不当判決に対し、私は非常に驚き、「これでは騙されて詐欺に遭った、障害者の単なる泣き寝入りではないか！」と極めて被害者意識が募った。

私は後世の「高次脳機能障害者」の尊厳と人権を守るべく、徹底抗戦するためにS先生に控訴して頂く手続きを踏んでもらい、東京高等裁判所に控訴を踏み切った。
その時、S先生が作成して下さった「控訴理由書」の全文を記載しよう。

【控訴理由書】　※控訴人：高野憲一、被控訴人：O（義父）、（N子：元妻）

原判決には次の点につき、事実誤認の違法があり、取り消されるべきである。

第1：争点（1）金銭消費貸借契約に係る返還合意の有無について。

1：原審判決は、上記（1）について。

「被告は、返還約束の存在を争い、金銭交付の趣旨はN子への貸金の返済分と長年被告宅で原告が生活した礼金であること、後に合計60万円を2回に分けて支払った理由は、お礼金が60万円という内訳であったためその分は返還することとして、原告がN子に危害を及ぼすことがないようにした旨供述する（被告本人）。

その内容は原告、N子及び被告の生活歴に概ね沿っており」と認定したうえで、金銭消費貸借契約に係る返還合意があったと判断することはできない、とする（原審判決6項）。

2：被控訴人の控訴人に対する貸付の事実は認められないことについて。

（1）以下述べるように、被控訴人が訴外N子に対して、平成18年5月26日頃から平成19年2月27日頃までの間に合計43万３０００円を貸し渡した事実は認められないのであり、かかる点につき、原審判決の事実誤認が認められる。

（2）ア：被控訴人の財産状況について。

被控訴人は、多額の債務を負担していた。

すなわち、被控訴人が運営していたO建設は、平成14年7月に事実上倒産（被告本人10

項8行目）しており、被控訴人が認める範囲だけでも、被控訴人は千葉県信用保証協会に対して約2600万円の保証債務を負担している（被告本人3頁10行目）。また、被控訴人は、千葉県信用保証協会以外に対しても400万円程の債務を負担している（被告本人11頁8行目）。さらに、被控訴人は、平成20年2月29日に自宅不動産の仮差押を受けている状況であった（被告本人3頁14頁26行目）。

なお、控訴人の認識では、被控訴人が負担していた債務は元金で5000万円、利息を付加すると1億円にも及んでいた。

このように、多額の債務を負担し、自宅不動産の仮差押を受けてしまうような債務の負担状況の中で、被控訴人が訴外N子に対し、43万3000円もの多額の金銭を貸し付けることができたとは考えられない。

イ：被控訴人が訴外N子に対して5回に渡って合計43万3000円を貸し渡した際、その都度被控訴人は、千葉県成田市から東京都世田谷上馬まで現金を持参し、訴外N子に手渡していたと供述する（被告本人22頁1行目）。

しかし、そのように遠方まで多数回現金を持参するのはあまりに不自然である。

その他に、被控訴人が訴外N子に対して金銭を交付した事実の裏付けはない。

ウ：被控訴人は金銭を貸し付けたことを前提とした態度を取っていない。

被控訴人は控訴人に対して、上記43万3000円を貸し付けた事実や貸し付けた金額を伝えたことはない。

また、控訴人が交通事故に遭うまでの間に、被控訴人が控訴人に対して返済を求めたこともないし（被告本人9頁20行目）、控訴人が3000万円の自賠責保険を受領した後に返済を求めたことはない（被告本人20頁19行目）。

さらに、被控訴人や、その妻が、訴外N子に対しても上記43万3000円の返済を求めたことはない（被告本人13頁8行目）。

このような被控訴人の態度からも、被控訴人が訴外N子に対して金銭を貸し渡したことは認めがたい。

エ：被控訴人が供述する返済に至る経緯は不自然である。

被控訴人は、控訴人が上記貸付金を返済した経緯につき、平成23年4月6日、突然、控訴人が被控訴人に対し、上馬で生活していたときの43万３０００円の貸付金に対する返済と、長年世話になって来たので、そのお礼という趣旨で、１００万円を渡してきた、と供述する（被告本人14頁14行目）。

しかし、上述のように、被控訴人は控訴人に対して貸付の事実やその金額を知らせたことがなく、控訴人が金銭貸付の事実を知るはずがないのに、そのような経緯で突然１００万円もの金銭を交付することは極めて不自然である。

（３）小活。

以上のとおりであるから、被控訴人が訴外N子に対して合計43万３０００円の金銭を貸し付けたことは認められず、この点につき原審判決の事実誤認が認められる。

３：被控訴人が控訴人から１００万円を借り入れたことの裏付け事実。

また、以下の事実からすれば、控訴人が平成23年4月6日に被控訴人に交付した１００万円は、贈与や貸付金に対する返済という趣旨で交付したのではなく、被控訴人に対する貸し付けの趣旨であると認められる。

（1）被控訴人による金銭借入れの必要性。

上述のように平成23年4月6日当時、被控訴人は、千葉県信用保証協会などに対して多額債務を負担し、自宅不動産の仮差押を受けている状況であるため、被控訴人の自宅のもとに債権者が取立てに来ていた、そのため被控訴人には高い資金需要があったと認められる。

（2）被控訴人からの貸付についての交渉があったこと。

被控訴人は、控訴人が平成23年3月29日に自賠責保険金として3000万円を受領した後、訴外N子を通じて控訴人に対して金銭を貸し付けるように強く要望をし続けた。

訴外N子は、平成23年3月29日頃には、訴外N子と同居していた被控訴人も、控訴人が多額の自賠責保険金を受領することを知っていたと思料される。

そして、上述の被控訴人の高い資金需要からすれば、被控訴人が控訴人に対して金銭貸付の交渉をすることは自然なことである。

控訴人は、訴外N子や被控訴人から何度も要望され、判断能力が著しく減退していたことも相まって、被控訴人に対して100万円を貸し付けてしまった。

(3) 控訴人の被控訴人に対する弁済要求。

控訴人は、被控訴人の自宅から追い出された平成23年7月2日以降、被控訴人に対して100万円の返済の請求があったことについては認めている(被告本人14頁11行目)。

このように、控訴人は、被控訴人に対して貸し付けたことを前提とする行動を行っている。

(4) 被控訴人による弁済。

被控訴人は、控訴人に対し、平成23年7月21日と同月22日に30万円ずつ、合計60万円を支払っている(争いなし)。

これは、被控訴人が控訴人から金銭を借り入れたことを前提とする事実と言える。

この点について被控訴人は、控訴人の訴外N子に対するDVが心配であったので、60万円を返済した、と主張する。

しかし、訴外N子は、平成23年7月21日付で保護命令の申立てをしている（被告本人8頁11行目）。

他方、被控訴人が控訴人に対して30万円ずつ支払ったのは同月21日と22日である。

このように訴外N子に対するDVについては既に対応しているのであるから、もし控訴人に対して支払う必要のない金銭であれば、被控訴人が控訴人に対して60万円もの支払いをするはずがない。

4：結論。

このように、原審が認定するような被控訴人の訴外N子に対する合計43万3０００円の貸付の事実は認められない一方、控訴人が被控訴人に対して1００万円を貸し付けたことを裏付ける事実が多く認められる。

したがって、控訴人と被控訴人との間で、金銭消費貸借契約に係る返還合意があったと認めるべきであり、この点につき、原審の事実誤認が認められる。

第２：争点（２）不法行為の成否について。

１：原審判決は、上記争点（２）について「原告及び被告のほか双方の親族も交えて原告とN子の別居に向けた話合いがなされ、話合いにおいては、原告の実父も含めて、原告とN子の別居について了解されていたことからすれば、その際、被告が原告に薬や着替え等の荷物を渡して別居を促した行為が原告に対する不法行為を構成するものとは解されない」と判断する（原審判決６項）。

２：しかし、かかる原審判決の事実認定は誤りと言わざる得ない。

以下詳述する。

（１）交通事故後の控訴人の身体の状況について。

控訴人は、平成21年４月19日、交通事故に遭い脳挫傷、急性硬膜下血腫等の障害を負った。平成22年９月時点において、控訴人には、集中力低下・注意障害・自殺企図等の症状が認められ、控訴人は、高次脳機能障害と診断をされた。

その症状とは、平成24年2月時点においても「何とか生活をしているが、困ることは、日にち・曜日の感覚、東西南北の感覚が混乱し、しばしば道に迷い、千葉に行こうと思っても茨城に行ってしまったり、イトーヨーカ堂に行っても出口がわからなくなったりするという。電車の乗り間違えなども多いという。常に地図を片手に持ち歩いている。電化製品が使えず、料理が出来ない。洋服の着間違えも多いという」という状態であった。

訴外N子も被控訴人も、控訴人と同居しその状況を見ていたのであるから、控訴人がこのように一人で生活をすることができない状況であることは当然理解していた。

（2）平成23年7月2日の状況について。

平成23年7月2日、控訴人や被控訴人、訴外N子、控訴人の父親などの間で、控訴人が訴外N子と別居をすることについて話し合いがなされた。その話し合いは、3時間に渡って行われた。

控訴人は、被控訴人の自宅を出ることについては了承していなかったと供述する。

他方、被控訴人は、被控訴人や訴外N子が話し合いに加わったときには、控訴人が被控訴人の自宅を出ることに了承していたと供述する（被告本人16頁21行目）。

しかし、それまでの居住場所から出ていかざるを得ないという事態の重大さや、３時間もの長時間に渡って話し合いをした事実を照らせば、当初から控訴人が被控訴人の自宅を出ることについて了承していたわけではなかったと考えるのが自然である。

最終的に、控訴人も判断能力が欠けていたため、被控訴人の自宅を出ることについては了承したようであるが、被控訴人や訴外N子が帰宅しようとしたとき、控訴人がどこに行くのかについて何も決まっていない状況であった（被告本人17頁9行目）。

それにもかかわらず、被控訴人は、控訴人が一人で生活をする能力のない障害者であることや、控訴人が十分な荷物を持っていないこと（被告本人18頁25行目）、薬や着替えを受け取らなかったこと（被告本人19頁10行目）を認識しつつ、被控訴人は控訴人を置いて帰宅してしまった。

そして、その時、被控訴人と訴外N子は、被控訴人の自宅にある控訴人の荷物をまとめるのに一週間の猶予を与えるが、平成23年7月2日の当日だけはホテルに泊まってほしいと述べて控訴人をホテルに泊まらせた。

しかし、その翌日、控訴人が被控訴人の自宅に行こうとすると、被控訴人や訴外N子は、これを拒絶した。

また、この時、被控訴人や訴外N子は、控訴人の財布から遺棄前日には、ひそかに被控訴人の自宅の鍵を抜き取っていた。

3：結論。

以上のように、被控訴人及び訴外N子は、要介助者である控訴人を危険な場所に置いたまま立ち去る遺棄行為に及んでおり、これが不法行為に該当するのは明らかである。
そして、その精神的苦痛を慰謝するために賠償金は200万円は下らない。

次項に、義父OとN子に加担したF弁護士の「控訴答弁書」と「東京高等裁判所の有り得ない判決」を記載します。
高次脳機能障害者が司法にすら理解されず、不当なる裁判と判決が下されているのは、民主主義国家の日本にとって由々しき事態である。

貸した金は返済せよ！⑦　～F弁護士の矛盾だらけの答弁書と東京高等裁判所の不当判決

私が交通事故にて患ってしまった病である「高次脳機能障害」と「同名半盲」を文書には一切記載しないという、意図的とも思える矛盾点だらけの内容を並べるのが仕事でもあるかのような「F弁護士」の控訴答弁書を全文記載する。

同時に東京高等裁判所の不当なる判決文も記載する。

【控訴答弁書】　※控訴人：高野憲一、被控訴人：O（義父）、（N子：元妻）

第1：控訴理由書「第1：争点（1）金銭消費貸借契約に係る返還合意の有無について」

1：「2：被控訴人の控訴人に対する貸付の事実は認められないことについて」

（1）「（2）ア：被控訴人の財産状況について」

被控訴人がO建設を経営していたのは平成14年頃までである。
平成18年5月26日頃には、債務の取り立ても落ち着いており、被控訴人には、訴外N子に生活費として合計43万3000円を貸し付けることができるだけの資力があった。

（2）「イ：被控訴人が訴外N子に対して金銭を交付した事実の裏付けはない」について被控訴人は、訴外N子から、控訴人が十分な生活費を渡してくれないので、年々生活が苦しくなっていくと聞かされており、控訴人一家の生活費が足りていないことを十分認識していた。

被控訴人には、娘とふたりの孫を思う気持ちから、訴外N子に、生活費として合計43万

３０００円を貸し付ける強い動機があった。

また、生活が苦しくなっていくと聞かされていたことから、控訴人一家の生活の様子を確認するために、また、娘やふたりの孫の顔を見がてら、当時東京都世田谷区上馬にあった控訴人宅に行き、確認の後に生活費の貸付を行うことは何ら不自然ではない。

（３）「ウ：被控訴人は金銭を貸し付けたことを前提とした態度を取っていない」について、控訴人一家は平成19年５月に被控訴人宅に移り住んできたのは、家賃が払えないほど経済的に逼迫していたからである。

被控訴人は訴外Ｎ子にお金のないことを知っていたため、被控訴人は返金を求めなかったのである。

また、被控訴人は、親子間の情誼から、控訴人や訴外Ｎ子に返金を求めなかったのである。

以上により、控訴人や訴外Ｎ子にお金のないことを知っていた被控訴人が親子間の情誼から返金を求めないとしても何ら不自然ではない。

（４）「エ：被控訴人が供述する返済に至る経緯は不自然である」について、訴外Ｎ子は控訴人が十分な生活費を渡してくれないことを理由に、控訴人と言い争いになった際、控訴人に対し、足りない生活費ついては、被控訴人から借りていること、その借入金は合計で40万円程度であることを告げている。

したがって、控訴人は、訴外N子が生活費として借り入れた40万円程度の借金があることは、十分認識していた。

また、控訴人は、一定の生活費を被控訴人に支払うことを条件に一家で被控訴人宅に移り住んだ後、約半年間は生活費を支払っていたが、その後、生活費を支払うことを止めてしまった。

支払わなければならない生活費としての借入金や生活費を支払わないまま、被控訴人宅で生活せざるを得ない状況にあった控訴人が、３０００万円の保険金を手に入れた（平成23年3月29日）直後の平成23年4月6日に、生活費としての借入金及びお礼として１００万円を被控訴人に支払ったとしても、恩に報いる行為として何ら不自然ではない。

控訴人から１００万円を受け取った被控訴人が、控訴人の態度に接し非常に感慨深い気持ちになったことからも、被控訴人が控訴人から受け取った１００万円は、恩に報いる行為としての返済及び贈与であることは明らかである。

2：「3：被控訴人が控訴人から100万円を借り入れたことの裏付け事実」について。

（1）「（1）被控訴人による金銭借入れの必要性」

被控訴人は、控訴人が3000万円の保険金を得た当時、借金の取り立てに追われていたわけではなく、経済的に逼迫していたわけでもなかった。

したがって、被控訴人に100万円もの金銭の需要はなかった。

「（2）被控訴人からの貸付についての交渉があったこと」について、被控訴人が控訴人に対してお金を貸して欲しいとは言ったことはない。

「（3）控訴人の被控訴人に対する弁済要求」

控訴人が100万円の返金を求め始めたのは、被控訴人宅を追い出された後である。

控訴人は、被控訴人から意に反して追い出されたと考えるようであるから、追い出された腹いせに、返済及び贈与として渡した100万円を返せと主張していると考えるのが合理的である。

このことは、平成24年11月12日に成立した訴外N子と控訴人との離婚調停で支払うこととされた養育費３００万円についても返還を求めていることからも明らかである。

したがって、控訴人の被控訴人に対する返金請求は、金銭消費貸借契約が成立したことを前提とした返済の要求ではない。

「（４）被控訴人による弁済」について、被控訴人は、控訴人に対し、平成23年7月21日に30万円、翌22日に30万円、合計60万円を返金している（争いなし）。

これらの返金は、本来返す必要のないお金だが、被控訴人が控訴人の訴外N子及びふたりの孫に対するＤＶがエスカレートすることをおそれて行ったものである。

なお、平成23年7月21日に保護命令を申し立てたことだけを理由に、ＤＶについて既に対応済であることは、到底いうことはできない。

申立後、保護命令が出されるまでは十数日は必要であるし「殺してやる」などと言う控訴人のＤＶの態度からは、保護命令が出された後も、その命令を無視して、被控訴人宅に控訴人が来ることは十分に予想できるからである。

第2：「第2：争点（2）不法行為の成否について」

「2：（1）交通事故後の控訴人の身体の状況について」

控訴人は交通事故後の平成23年6月、ひとりで函館に旅行に行っている（被控訴人本人18頁26行目）。また、平成23年7月2日、成田市にある被控訴人宅から、話し合いの場である東京都北区滝野川にあるビルまでひとりで来ている（被控訴人本人18頁13行目）。

以上の通り、控訴人は、遺棄されたという平成23年7月2日当時、交通事故の後遺症により不自由はあったと思われるが、ひとりで生活することは十分可能な状態であったし、被控訴人もそのように認識をしていた。

「2：（2）平成23年7月2日の状況について」

控訴人が訴外N子及びふたりの子に対しDVを加え、そのDVがエスカレートしていったために、訴外N子は、控訴人との別居を決意し、平成23年7月2日、控訴人の父親に頼んで控訴人が生活する場所を確保した上で被控訴人宅から出て行ってもらうための話合いが行われたのである。

3時間の話合いの結果、控訴人は、被控訴人宅に戻らないこと、及び、別居することを承諾した。

また、訴外N子は、DVの被害に遭いながらも、健気にも控訴人に必要な薬と着替えを持って行ったが、控訴人自身、受け取りを拒否している。

以上の通り、平成23年7月2日には、控訴人自身、被控訴人宅に戻らないこと、及び、別居することを承諾しており、また、同日以降に住む場所も確保されていたし、当座必要となる薬と着替えを用意してもらったのに控訴人がその受け取りを拒否した。

これらの事実からは、被控訴人が控訴人を遺棄したことは、到底いうことはできず、不法行為が成立しないことは明らかである。

第3：結論

以上の通りであるから、本件控訴は棄却されるべきである。

次に、東京高等裁判所の判決文を記載する。

【東京高等裁判所の判決文】

第3：当裁判所の判断

当裁判所も、控訴人の請求はいずれも棄却するべきものと判断する。

その理由は、原判決5頁23行目の「当庁」を「千葉地方裁判所」と改め、当審における控訴人の補足的主張に対する判断を後記2のとおり加えるほかは、原判決の「事実及び理由」の「第3当裁判所の判断」の1から3まで（原判決4頁1行目から7頁3行目まで）に記載のとおりであるから、これを引用する。

２：当審における控訴人に対する貸金について

ア：控訴人は、多額の債務を負担していた被控訴人がN子に対し43万３０００円もの多額の金銭を貸し付けることができたとは考えられない、自宅のある千葉県成田市から当時N子らがいた東京都世田谷区上馬という遠方まで多数回現金を持参していたというのは不自然である、控訴人が自賠責保険金を受領した後にも控訴人やN子に対して返済を求めたことはないという被控訴人の態度からも被控訴人がN子に対して金銭を貸し渡したことは認め難い、控訴人が被控訴人に対して突然貸金に対する返済と長年世話になった礼の趣旨で１００万円を渡してきたとする被控訴人の供述は極めて不自然であるとして、被控訴人がN子に対して合計43万３０００円を貸し渡したことは認められないと主張する。

しかし、被控訴人が、合計40万円程度の生活費を娘に貸すことができないほどに困窮していたことをうかがわせるような証拠は存在しない。

被控訴人の自宅のある千葉県成田市と当時N子らがいた東京都世田谷区上馬とは「遠方」という程度に離れているかどうかはともかく、被控訴人にしてみれば、生活費を貸す機会は娘や孫に会うこともできるのであるから、そのために現金を持参したとしても、不自然であるとはいえない。

控訴人が自賠責保険金を受領した後、被控訴人が控訴人やN子に対して生活費の返済を求めていないとしても、もともとの貸付けが親子間の情誼に基づくものとうかがわれることを照らすと、そのような被控訴人の態度によって、生活費の貸渡しを否定することはできないし、また、自賠責保険金を受領した控訴人が貸金に対する返済と世話になった礼の趣旨でまとまった金員を被控訴人に支払った旨の被控訴人の供述が不自然であるとはいえない。

したがって、控訴人の上記主張は採用することができない。

イ：控訴人は、被控訴人に金銭借入れの必要があったこと、N子と同居していた被控訴人が自賠責保険金の支払を事前に知っていたと思料されると、被控訴人の自宅から追い出された後に被控訴人に対して100万円の返済を請求するようになったという控訴人の行動は控訴人が被控訴人に対して100万円を貸し付けたことを前提とするものであること、被控訴人が控訴人に対して合計60万円を支払ったというのは金銭を借り入れたことを前提とする事実であること、なお、被控訴人が上記60万円を支払った理由とする控訴人のN子に対するDVについては、保護命令の申立てにより既に対応がなされていたことに照らすと、控訴人と被控訴人との間で、平成23年4月6日の100万円の金銭消費貸借契約に係る返還合意があったと認めるべきであると主張する。

しかし、控訴人が指摘する事情のみでは、控訴人と被控訴人との間に、控訴人が被控訴人に対して平成23年4月6日に交付した100万円について、その返還合意がされていたと認めるには足りない。

その他、控訴人主張の返還合意が認められないことは原判決（前記1で改めて引用した後のもの。以下同じ）の認定、説示するとおりであり、控訴人の上記主張は採用することはできない。

被控訴人の控訴人に対する不法行為について控訴人は、被控訴人とN子が要扶助者である控訴人を危険な場所に置いたまま立ち去る遺棄行為に及んだ旨を主張するが、原判決の認定、説示するとおり、控訴人及び被控訴人のほか、双方の親族も交えて控訴人とN子の別居に向けた話合いがされ、話合いにおいては、控訴人の実父も含めて、控訴人とN子の別居が了承されていたことからすれば、被控訴人とN子が遺棄行為に及んだということはできず、控訴人の上記主張は採用することができない。

結論：よって、控訴人の請求をいずれも棄却した原判決は相当であるから、本件控訴を棄却することとし、注文のとおり判決する。

東京高等裁判所第１民事部

裁判長裁判官：石井忠雄

裁判官：石橋俊一

裁判官：鈴木和典

◎高野憲一の反論

仮に、平成18年に債権者達の取り立てが落ち着いていたとしよう。だからN子に合計43万３０００円を貸せるだけの資金があったといい加減な事を述べているが、ではなんで債権者達の取り立てに義父○はそもそも1円すらも返していない有り様なのだ。

だからN子に貸せたなんて論が通じるはずはない。

無職で収入のない年金暮らしの多重債務者である○が、成田市からわざわざ金を持参して、度々私の自宅、世田谷区上馬まで来ていた？　そんな光景は見た事もないどころか、逆に私は「義父母は来させるな！」とN子に厳命していたのが真実だ。

再三述べてきたが、私が仕事を辞めて就職活動をしていた時に、生活費を貸してくれていたのは私の実父Yであり（総額１０５万円）、私がN子に「実家に金を借りに行ってくれ」など、天地神明に誓って一度すらない（私と実父との電話でのやり取りの全て見てきたN子が一番良く知っている筈だ）。

そもそも、働いて財産管理をしていた一家の大黒柱の私が金銭の出入りを把握出来ない訳がない。

仮にも、この話が本当ならば娘であるN子が支払うべきであり、40万円もの金をOから借りていたなんて聞いた事もない。

残りの40万円を返してもらうため、友人達とOのマンションに行って話をした時の質疑応答はこうだった。

「あなたに1円でも金を貸して下さいなんて頼んだ事がございますか？」

「一度もない」

「ならば、俺が40万円もの大金を借りた事すら直接聞いた覚えが全くないのに、なぜ俺が借りた事になっているのだ？　これでは詐欺ではないか！」

「同棲時代に娘に金を貸していたから責任は憲ちゃんにある」

「俺の全く知らない水面下で親子間でどのようなやり取りをしたのか知らんが、N子があなたから借りていたのが事実なら娘に返してもらえば良いではないか。アンタの論だとN子がどこから借りたとしても全責任は俺にあり、それを全て俺が支払わなければならんのか？　そんな馬鹿げた論が世の中に果たして通用すると思っているのか？　その辺の中学生だって騙されねぇよ。それにN子が密かに借りてきた40万円だかの金を、俺の事を都内に悪意のある遺棄をするまでなぜ一切伝えなかったのだ。一番重要な問題だろ！」

　正論を突かれてしまった〇はしどろもどろになった。

「佐倉裁判所が認めたら払う」

　訴訟は〇のこの言葉から始まったのだった。


　私に降りた自賠責保険３０００万円から「40万円は借りた金で60万円はお礼」など、やり取りをした覚えがない全くの作り話。繰り返しになるが、私はN子から、朝昼晩昼夜問わずに毎日毎日、「お願いだから家にまとまったお金を入れてあげて。最低１００万円はお願い！　そうすれば取り立ては来なくなるから」と洗脳され、判断能力のない私は遂に根負けしてしまい、１００万円を貸し付けてしまったのが本当の話（この時も、N子が実家から40万円の金を借りていたなど一言も聞いた事がない）。

　話は反れるが、義母K子は「便所1回１００円はかかるんだよねぇ…」なんて訳の分からない事を述べてきたり、前出したがN子の実弟からは「自賠責保険金の30％を寄越せ」と恫喝・脅迫されたりしてきた。全ては担当の役割が決まっていて、知的障害者の私が一人でサバンナに現金だけ持って放り投げられていたような劣悪な環境に居たのである。

Oは、「N子やN、Aまでに及ぶDVの恐れから60万円を返した」などと馬鹿げた事を平気で述べているが、私から正当な理由でキチンと贈与を受けたならば、60万円を一切返さなければ良いではないか。即ち借りた金だったから、こんな滅茶苦茶な理由を講じて返金してわけだ。

私が遺棄されて1週間以内にOに電話を入れ、「N子からの強い要望で情けをかけて100万円を貸してしまったが、アンタら親子に都内に遺棄までされ、状況が変わったので即座に100万円を返せよな」と述べただけで、その通話の中で、N子や娘に危害を加える予告など全くしていない、そんなことをする必要性が見当たらないからだ。

診断書もなければ傷やアザや捻挫や打撲すらないピンピン状態のN子を使って、絶えずDVを受けていたと話を作り上げ、マンションに近付けさせないように布石を打ったのだ。

私が生まれ故郷の函館に旅行に行ったのは、北海道には友人が居て常に見守ってくれたからで、お陰で一度たりとも旅行先で一人になることはなかった。成田空港では職員がご親切に全てを手伝ってくれたので無事に飛行機にも乗れた。とてもではないが私単独の力では当時、旅行は無理だった。

電車の乗り換えは非常に困難を極め、駅員に絶えずお尋ねしながらなら、時間をかけてやっとやっと目的地には行ける。

F弁護士は、7月2日に私が成田から東京まで一人で行ったと、最もらしく述べているが、これは余りにも見苦しい。「後遺症により不自由はあったと思われるが」などと認めつつも、言っていることは全くの逆！

さらに、「ひとりで生活することは十分可能な状態であったし、被控訴人もそのように認識をしていた」だと！

F弁護士は高次脳機能障害たる病が、毎日がミスと誤認と記憶の欠如、料理は作れない、一人で爪は切れない、カップラーメンすら作れない、近所を出歩けば即座に道に迷う、バリバリの地誌的障害も入っている……ということをまったく理解しようとせず、高次脳機能障害者が一人で暮らす危険性をまるで分かっていない。

高野家とO一家の両家の話し合いなどを全面に押し出すが、実際には私の実父や実弟の前で様々な偽りの約束事を3時間に渡って押し付け、私の許可なしに財布から家の鍵を密かに抜き、一番肝心要の自賠責保険金が入っていた貯金通帳と実印は持って来ず、夏場の着替えの荷物だけを車で運んできたのだ。薬すらも入っていなかった。

即ちO親子の狙いとは、任意保険金の財産分与が最終章の主眼であり、それまでは私の自賠責保険金3000万円を一家を挙げて徹底的に摂取・着服する計画だった訳だ。

事実上、東京高等裁判所も真意を全く見抜けなかった。義父O・N子・F弁護士の最もらしく作り上げた妄言を丸呑みしただけであり、知的障害者がO親子にまんまと騙され、嵌められ、遺棄までされたという刑事事件にすらなり得る案件も黙認した。

これは、不当裁判であり、不当判決に喫すると私は断言する。

これでは日本全国の障害者達が安堵に平穏に暮らす事が極めて難しい。

私は司法を全く信用できなくなった。

第四章　理不尽さと憤り

私の鑑定書（平成24年1月25日）

補佐人の弁護士を雇い入れるにあたって「佐倉裁判所に『鑑定書』を提出して下さいませ」と指示され、私は千葉リハビリテーションから日赤病院に管轄が移行していたので、日赤病院・精神科のS先生に相談し、様々な入念な検査を受けて「鑑定書」を作成して頂き佐倉裁判所に提出した（まだ離婚調停をする前の話）。

この鑑定書は、N子との離婚調停時や義父Oへの訴訟時などに裁判所へ、また刑事告訴をする時に成田警察署へ提出し、フル活用してはきた。しかし、何ら役には立たなかった事を補足しておく。

ただ唯一、役に立ったのが精神障害者保健福祉手帳が「3級」から「2級」に格上げされたことである。裁判所や成田警察署の人達は、実際に私がどのようなレベルの人間なのかをまるで理解しておらず、把握していなかったので、訴訟や告訴の時も一連の真偽性を見抜けなかったのであろう。高次脳機能障害は我が国日本の認識度が低過ぎるのが現実だ。

【鑑定書】（成年後見用）

平成24年1月25日に成田赤十字病院において行った頭部ＭＲＩ検査では、右大脳半球の皮質（側頭葉・後頭葉を中心に）～白質に広範囲に高信号域を認め、壊死や脱髄状態が考えられ、右大脳が萎縮しているという所見であった。

〈精神の状態〉

①意識／疎通

あいさつ、会話は普通には出来る。

やや多弁で迂遠な傾向はあるが、疎通性に問題はない。

②記憶力

表面的には日常会話は可能だが、診察時の質問で今日は何日か？　何曜日か？　などが答えられなかった。

平成24年1月24日に行った記憶力の検査であるウェクスラー記憶検査法「WMS－R」においては、「言語性の記憶」と「視覚性の記憶」から構成される「一般的記憶」の指標は、35歳～44歳の平均が100であるのに対して、本人の指標は50未満であり、記憶力全般が重篤な障害を被っていると考えられる。

「WMS－R」の細部をみると「注意／集中力」に関する検査である「数唱」などでは比較的高い値となっており、数字や単語をいくつか覚えるといった記憶作業は無理なく行えるようであるが、対になった単語の記憶の再生に関する「言語性対連合」では難易度に関係なく言葉の組み合わせを記憶することが困難であった。

③見当識

平成24年1月に行った「WMS－R」の「情報と見当識」の中で「今月は何月です

か?」に対しては「1月」と答え、「あなたの今いる場所は何と言いますか?」については「日赤ですか」と答えたものの、「今年は何年ですか?」の問いに対しては「23年ですか、24年かな」と曖昧であり、「今日は何日ですか?」に対しては「20かな21かな」と正しく答えられず、「今日は何曜日ですか?」に対しては「わからない」と言い、大体の日時、場所は言えるが正確さを欠いており、軽度の見当識障害が存在するものと考えられる。

④計算力

診察時の問いで「7+4」は11、「23+28」は51、「100−93」は7、「20000−18500」は1500と答えるなど、簡単な計算はほぼ可能であったが、平成24年1月17日に行った知能検査「WAIS−Ⅲ」の「算数」の項目の中で、「せっけんが1箱に6個ずつ入っています。36個のせっけんを買うと何箱になりますか?」という質問に対して「3個」と誤答し、「1個25円のものを6個買うと何円になりますか?」に対して答えられなかった。日常生活上のごく単純な計算は可能であろうが、多少複雑な計算は困難であると思われる。

⑤理解力・判断力

簡単な質問にはある程度答えられ、平成24年1月17日に行った知能検査「ＷＡＩＳ－Ⅲ」の言葉の意味の理解度をみる「単語」の項目では、「人権蹂躙」を「人の権利を踏みにじること」と答え、「言語道断」を「全く話にならない。許せない」と答えるなど、ほぼ平均的な言語理解度を示していた。

また、同じ検査の「理解」の項目の中で、「ゴミを分別して出すのはなぜでしょう？いくつか挙げて下さい」の問いに対して、「燃やすと有害なものが出る。モラル。リサイクルとか」と答え、「薬屋で特別な薬を買うときに、医師の処方箋が必要な場合があるのはなぜでしょうか？」の問いに対して、「患者のニーズに合った薬にする。診断してその人に合ったものを出す」と正しく答え、この項目でも平均的な値であった。

従って⑧に示すように、全体として知的な障害を来たしているものの、物事の理解、判断力に関しては著しくは損なわれていないということができる。

⑥現在の性格の特徴

面接時はやや多弁で、聞き手の意向にかかわらず一方的に話し続ける傾向がある。

全体としては穏やかな対応である。

⑦その他（気分・感情状態・妄想・異常な行動等）

面接時、やや多弁で迂遠だが、感情の易変性などはみられなかった。

当科には、不眠、抑うつ状態にて通院しているが、現在は内服していて落ち着いており、抑うつ状態は顕著ではなく、幻覚妄想および他の異常もみられなかった。

⑧知能検査・心理学検査

知能検査は平成24年1月17日に「ＷＡＩＳ－Ⅲ」を行ったが、言語性ＩＱは78であるが、動作性ＩＱは50、全ＩＱは62で、全体として軽度知的障害のレベルであり、「言語理解」が平均の下であるほかは、主として視覚－運動に基づく知覚や認知の能力を見る「知覚統合」や、処理・操作のための記憶の能力をみる「作業記憶」、処理のスピードをみる「処理速度」は、いずれも著しく低く、日常生活に重篤な支障を来すレベルであった。

知能に関しては、記憶能力を含めた認知機能全般に重篤な障害が認められ、言語能力は比較的保たれているものの平均の中で下位の方であり、視覚的な推理、記憶全般、思考スピードなどは重篤な障害を持っていると考えられる。

〈生活状況及び現在の心身の状態〉

平成23年7月2日以降自宅に戻れなくなりホテルで生活していたが、同年8月に成田市大袋に家を買い、そこに一人で住んでいる。

何とか生活をしているが、困ることは、日にち・曜日の感覚、東西南北の感覚が混乱し、しばしば道に迷い、千葉に行こうと思っても茨城に行ってしまったり、イトーヨーカ堂に行っても出口がわからなくなったりするという。

電車の乗り間違えなども多いという。

常に地図を片手に持ち歩いている。

電化製品が使えず、料理が出来ない。

洋服の着間違えも多いという。

また人の真意を見抜けず、詐欺に遭いやすい。

日常の買い物はできるが、高価な物を買ってしまうこともあるという。

また、左側が見えないため、人にぶつかりやすく人混みが苦手であるという。

〈既往歴及び現病歴〉

特記すべき既往は聴取できない。

平成21年4月19日、長女Nと成田市内の道路で自転車を押しながら歩いていて、走ってきた自動車と正面衝突し頭部を打撲し成田赤十字病院救急外来に搬送される。

脳挫傷、右急性硬膜下血腫の診断で同院脳神経外科に入院。

同年7月14日、成田赤十字病院での急性治療が終了し、後遺症の高次脳機能障害に対するリハビリテーション目的で千葉県千葉リハビリテーションセンターに紹介されたが、本人が入院を希望せず同日退院。

その後、高次脳機能障害に対するカウンセリング目的に同センターに通院していたが、平成22年1月5日に抑うつ状態を呈し、希死念慮を訴え、同センター精神科に紹介され受診。

抗うつ剤等を処方され、安定に向かうも記憶障害、抑制低下を残遺したという。

平成23年6月1日、自宅近くでの通院治療を求めて、当院を紹介され当科を初診。

同センターの紹介状によれば「道がわからない」、「探し物が出来ない」といった高次脳機能障害のほか、左同名半盲があるが、麻痺はないとのことであった。

以後当科通院を開始したが、平成23年7月5日20時過ぎ、「7月2日に妻と義父に突然別居を突き付けられ死にたくなった」とのことで千葉リハビリテーションセンターの元主治医を訪れ、同医師の紹介で当院救急外来を受診し何とか自殺は思いとどまり、その後は当科に通院をしている。


〈説明〉


本人は平成21年4月19日の交通事故により脳挫傷を来たし、後遺症として高次脳機能障害を来たしている。

高次脳機能障害とは様々な原因で脳の一部が損傷を受けることで、記憶、意思、感情などの高度な脳の機能に障害が現れる場合を言うが、本人においては、大脳右半球の挫傷により、記憶能力、見当識、計算力、認知機能などの障害、知的能力の障害を来たしているということができる。

現在、一人暮らしが出来ていることから、単独での日常生活は何とか可能だが、検査上明らかになった計算、記憶、認知の障害を抱えた状態では多額の金銭管理等は困難であり、自己の財産を管理処分するには常に援助が必要であると考えられる。

本人が呈している高次脳機能障害は、脳挫傷によってもたらされたものであり、右大脳半球が広範囲に渡って壊死、萎縮している状態であり、将来、現在の状態が回復する可能性はないものと考えられる。


〈追伸〉

この鑑定書には「軽度知的障害者」と記載してあるが、2009（平成21）年に前方不注意・脇見運転の車に跳ねられ、意識不明のまま救急車で成田赤十字病院に運ばれ、死線をさ迷い、入院していた初めの頃の私は「中度知的障害者」と医師から伝えられ、「高次脳機能障害の疑いが極めて強い」と示唆され、千葉県では高次脳機能障害には極めて特化されている千葉リハビリテーションセンターに転院を薦められ、同院で沢山の心理テストを受け、「高次脳機能障害」と正式に診断を下され、「同名半盲」たる病まで判明した。

全国の高次脳機能障害者の方々へ告ぐ！

高次脳機能障害は認知症に酷似しているが、決定的な違いがある！　それは、これ以上、症状が悪くなる事はない。それどころか回復や改善を己次第で見込まれる病であり、必ずや覚醒する時が到来する病なのである。

私、高野憲一は36歳にして就労不能と診断され、高次脳機能障害に同名半盲たる病を抱えて早8年間が経過し、44歳になった（2017年現在）。

誰からも理解されず、逆に妻たる家族にまで騙され、自賠責保険金を散々に渡って摂取され続け、最終的に都内に「悪意のある遺棄」までされ、誰からも抜本的な手助けを得られずに一人きりで何とか生き抜いてきた。この8年間は楽しきひと時なんざ数えるほどしかなく、辛い思い出しか見当たらない。高次脳機能障害者の悲惨な末路を現在も続行中の身だが、私のような第二・第三の被害者を生み出さないために、スマホをわざわざ買ってまでしてブログを立ち上げた。

スマホの操作方法が高次脳機能障害者にとっては極めて難しいので、私は家庭教師のトライから教師を雇ってまでして操作方法をノートに書き記しながら日々奮闘している。

これまでの文章にも挙げたが、高次脳機能障害者は「毎日日記」を書き記す事から始めよう（１００円ショップで大学ノートを最初は10冊購入してみましょう）。毎日、怠らずに就寝前に何月何日何曜日と記載し、一日に起こった簡単な内容や出来事、思った事・感じた事を文字化し、文章として書き記していきましょう。リハビリに〝激お薦め〟なのが毎日日記。

最初の内は「一行・二行」の短文が、毎日続けて行くと段々と長文になるのは私が保証します。気付いたら1ページ分を書いてしまう事すら珍しくなくなります。

高次脳機能障害者を全く理解してくれない人々との別れ（親父編）

私の実家である杉並区・阿佐谷に住む実父Yは、S先生（弁護士）から引き継いだ二人目の補佐人ではあった。しかし、私の財産を守るどころか、「S（実弟）が仕事で困っているから降りた保険金から100万円ぐらいあげろよ」などと果てしなく繰り返すだけで、「病の回復状況はどうだい？」なんて心配してくれる優しき問いかけの一言もない。

当然、マトモな話合いもないので、電話での親子喧嘩が毎回のようになるのは極自然の流れであった。

極めつけは、とある高次脳機能障害の家族の会の責任者に、「後遺障害等級第2級クラスの重い後遺症をお持ちの被害者さんでしたら、独立行政法人自動車事故対策機構NASVA（ナスバ）を通して国土交通省から介護料が降りるので、一度NASVAに問い合わせてみて下さいね」と電話で助言されたときのこと。早速「ＮＡＳＶＡ」に電話を入れると、間もなくＮＡＳＶＡの職員さん二人が私の自宅マンションを来訪して下さった。

「都内に悪意のある遺棄をされた私には、嫁さんも居なければ、高野家一族の血族達は全員都内に居住しているのに、誰一人、高次脳機能障害に何ら理解すらもしてくれなく、根本的に親身になって介護してくれる血族は皆無の現状なんですよ。私は週３回の介護ヘルパーに手助けしてもらって、やっとやっと独り暮らしをしている状態なんですよ」

来訪して下さった職員さんに正直に露呈したら、職員さんはこう提案した。

「二人目の補佐人になられた高野さんのお父さんにお願いしてみましょう」

高次脳機能障害者を全く理解してくれない父の事、嫌な予感が走り、一抹の不安がよぎったので、「私から電話するのではなくＮＡＳＶＡの職員さんから実父に細かい説明の電話を入れて下さい」と頼んだ。

だが、やはり、案の定……。実父は「協力はしたくない」の一点張り。

この展開には流石の私も滅茶苦茶驚きました。腹の中では「それでも実の父親なのか！」と。ＮＡＳＶＡの職員さんが説得を続けても、実父は頑なに拒否してきたので、私が電話を変わった。

「仮にも自分の子が後遺障害等級第2級たる重い後遺障害を認定されたのだから、NASVAさんを通して国土交通省から介護料を支給されるようにすぐに手続きを始めるのが父親の役割ではないのか？　このままみすみすと権利を放棄すると言うのか？」

そう述べても頑なに拒絶してきた。

通常の親ならば、「そんな恩恵をお国から享受出来るなんて生活費が非常に助かるではないか。どんな書類を揃えれば介護料を支給されるようになるんだい？　早急に揃えるから教えてくれたまえ」と逆に喜んで協力するのが本来のありまじき姿、親子関係の一般的な概念・通念だろう。

こうした態度の遠因にあるのは、年がら年中私に電話をしてきては、「S（実弟）に100万円ぐらいあげろよ」と、私の保険金を摂取しようとあの手この手を使って繰り返し言ってくるのを頑なに断り、その上、こんな父親に補佐人としていつまでも居座られていたら、全財産を安全・安心に管理してもらえる保証はなく、むしろ危険性を感じたため、補佐人を解任した事を不服に思っていたからだろう。（私は〇親子に騙された二の舞だけは絶対に避けなくてはならないので、佐倉裁判所に補佐審判取り消しを行い、親父を解任

していた）

こんな一悶着があったにもかかわらず、相変わらず電話をかけてきては金の無心ばかりで、ホトホト嫌気が差したので親子の縁を切る覚悟をし、私は父親からの電話を「着信拒否」にした。

親父と一緒に暮らしている義母Ｅも「何故Ｓにお金をあげないの？」と完全に夫婦揃っての出来レース！

私は主治医に言われた事をそのまま二人に電話で何度も告げていた。

「高野憲一さんが事業で大成功を納めたわけではなく、交通事故によって重い後遺症を患ってしまった代償金なのですよ！　働けない高野憲一さんにとっては一生大切に使っていかなくてはならない貴重なお金なんですからね」

それでも、「働く事は出来る筈」「自分勝手だ」と、全てにおいて高次脳機能障害というものを全く理解・把握していない総崩れ状態。

私は発症以来、高次脳機能障害の本を片っ端から読んできたが、橋本圭司さんが著する高次脳機能障害に関する多くの書籍や、『日々コウジ中』（柴本 礼著／主婦の友社）が殊更お気に入りで、親父にもそれらの本を贈ったが全く読んでいない有り様……。

これら贈った本を徹底的に読んでもらい、高次脳機能障害とは一体どんな難解な病なのかを理解してもらうよう何度促しても、それは無駄だった。

同時に千葉リハビリテーションセンターが発行する高次脳機能障害のパンフレットを大量に頂いてきて、これまで色々な人に配ってきたが、肝心の親父に手渡してもたった一言、「見なくても分かっているよ」と、息子が大変な病に患ってしまった危機感などまるでなかった。

幼少期から親父を見て来たが、少しでも反対すると暴力によって全てを片付けようと、殴る蹴るは日常茶飯事であり、今なら問題になるだろうバリバリの児童虐待そのものの家庭環境だった。度を超した独裁者の厳しさであり、幼少期は不憫な思いをした。

17歳の時から、暴力に耐えられず家を出て独り暮らしをしていた。

私が親父と合わない、その根本的な理由は、私は民主主義者であるが、親父は共産主義者だからなのだと、考察している。言論の自由や表現の自由すら守られていない一党独裁国家のような家庭環境。

そんな訳か険悪な仲になっていた2016（平成28）年8月7日に、1915（大正4）年生まれの酒井家と武田家たる士族の毛並みが良かった「高野よし」婆ちゃんが自宅で逝去された（享年101）。しかし、私には訃報を知らせる連絡は一切来なかったので、高野よし婆ちゃんの死に目にも立ち会えなかったし、高野家一族全員が出席した告別式にも私ただ一人だけ呼ばれなかった。高野家長男の親父からの電話は着信拒否にしていたが、例えば義母や親戚を使えば、いくらでも私に訃報を知らせる事は可能だった筈だ。

高野よし婆ちゃんにとって私は栄えある一番最初の孫であり、日本では一割しかいない士族の血統に私は誇りを持っていた。

歴史が大の趣味の私には、高野よし婆ちゃんは貴重な歴史の生き証人・生き字引だった。戦前の日本国の時代情勢や世界情勢、背景にある大東亜戦争突入から敗戦直後の日本国について、その時の日本国民の暮らしなどをリアルタイムに聞けるので、会話するのは非常に楽しかった。

私は親父であるYが死亡しても葬式には顔を出さない決意を既に固めている。

高次脳機能障害者を全く理解してくれない人々との別れ（親戚編）

士族の出自である私の婆ちゃんが逝去され、その訃報も何ら伝えられないまま、告別式にすら呼ばれなかったのだが、実弟Ｓの嫁さんが「高野よし婆ちゃんの亡くなった正確な日」と「告別式の日」をＬＩＮＥで知らせてくれ、私は即座に電話を入れ事実確認をした。栄えある初孫の私へ「よし婆ちゃん」の逝去すら知らせてくれなかった実父と義母Ｅに、確認せんがために電話を入れようと一瞬は思ったが、いくら険悪な仲になったとはいえ、「いくらなんでも、よし婆ちゃんの逝去は親父か義母が知らせてくれる筈だろう……」と踏んで、ここはキチンとした電話連絡が来るまで泰然自若に構える事とし、敢えて私の方から電話を入れず、８月７日から一歩も表に出ず、両親からの一報を自宅マンションでひたすら待った。

しかし、連絡は一切来なかった。

保険金のユスリタカリは電話で勤しむのに、一大事である訃報や告別式の知らせはしてこない。こんな両親は言語道断！　最早、私は両親だとは完全に思わなくなった。

よし婆ちゃんが逝去される半年以上前の話になるが、やはり遠因はあった。親父と険悪な仲になり私の方から親父から離れて行き連絡を遮断し、恒例の高野家一族が集まる元旦に、その年私は初めて顔を出さなかった（平成28年1月1日）。

高野家一族が毎年集まる場所は、日本経済新聞の申し込みハガキのポスティングで一代を築いた社長の「高野Ｊさん」の自社ビル兼自宅。

この叔父であるＪさんの事は前出もしたが、十代の頃に部屋を借りるために借りた金を自賠責保険金から返しに成田から赴いた時、一切受け取りを拒否した素晴らしき叔父である。しかし、元旦に私が顔を出さなかったのが気に食わなかったのと、親父と私が険悪な仲になっており、親父が述べる事を既に丸呑みしており、電話がかかってきた時の内容は、「Ｓ（弟）に金をあげろ」と「やっぱり借金は返してくれ」。

天地がひっくり返った驚愕の言い草だった。この電話が1月～3月まで毎日続いた。

「Sが金に困っているんだから100万円ぐらい金を差し出してやれよ」（完全に親父そのまんまの物言い）

「俺はもう働けない身分の障害者であり収入が1円もないのですよ。仮にも俺が再び家庭を持って家を新たに購入したり子育てをしたりしたら、一体誰が我々家族の事を面倒を見てくれるんですか？　この自賠責保険金と任意保険金は俺が重い後遺症を持ってしまった命の代替え金であり、金の重みが違うんですよ、Jさん！　宝くじで当たった金や事業で大成功をして得た金ではないんですよ。高次脳機能障害たる病を根本的に分かっていないみたいだから簡単におっしゃるけど、俺は最早、人に金をおいそれと右から左に簡単に貸したりあげたりする事が出来ない人間なのですよ。全て使い果たしたら生活保護受給の権利は十分に持っているけど、そうならないように保険金は大切に使わなくてはならないのですよ！」

するとJさんは何とぶったまげた事にこう言った。

「全てを吐き出し生活保護受給者になって生活するのも仕方がない。もし、ケンがSに金を出せば俺が介護保険料の手続きをするように兄貴（実父Y）を説得する」

「Sがそんなに困っているとは到底思えませんね。夫婦揃って頻繁にパチスロを打ちに行けるだけの金があるのは一体何故でしょう？　そんなにＳの事が心配ならば、金持ちのＪさん自身がＳに金を差し上げたらどうですか？　俺は実の兄貴とはいえ、就労不能の障害者なんですよ。介護保険料の手続きですが、あの頑固者の親父では手続きなんて何を言っても無駄ですよ、行政機関の職員達の粘り強い説得すらアッサリと蹴ったぐらいなんですから」

返す刀で述べたが……。到底、同じ一族とは考えられない物言いであり、少なくとも叔父である人間の台詞ではないだろう。

一般常識がある人ならば、まずは障害者に金の無心など言語道断な話であり、「降りた多額の保険金は１００円すら後生大切に使い、工夫して生活保護受給者にならないために最善策を常に取るんだよ。困った事があれば何でも気軽に伝えてね」と導き出すのが正しき見解の筈であろう。

遠因を話したところで、話は戻るが、イザ！　よし婆ちゃんの告別式の日。

もしかしたら弟の嫁さんの情報通り、この日が告別式でありギリギリ当日に知らせが来る可能性も視野に入れて、その日も連絡が来たら即座に都内に向かえるように準備万端に用意をして自宅から一歩も出ずに待機していた。

そして、諦めかけていた夜8時頃、電話がかかってきた！

まずは、叔父Jさんからだった。

「高野家一堂が告別式に来ているのに何故にお前だけ来ないんだ？」

「告別式も何も、婆ちゃんが亡くなった事すら俺には何一つ親父や義母から伝えられていない。告別式の日や時間や場所すら何も知らないのですが？」

「ケンに伝えなかったのはお前に原因があるからではないのか？」

「いくら険悪な親子関係の仲で俺から離れて行ったとしても、大御所のよし婆ちゃんが亡くなったら即座に伝えるのが普通でしょうよ。それとこれは別問題じゃないんですか？」

正論を突いたら、Jさんの双子の叔父であるIさんに電話が代わり、爆発的に怒って30分に渡って脅された。

「成田に殺しに行くから覚悟しとけよ！」

「ぶち殺してやるから今からこっちに来い！」

「成田のどこに住んでるかなんてすぐに調べ上げて殺しに行くからな。この糞ガキ！」

まさに怒号を挙げている興奮状態。

「何を怒っているのか知りませんが、殺すなんてのは殺害予告で捕まりますよ」

と冷静に対処すると、

「お前には弁護士も付いてるんだろ。二人とも纏めて殺してやるから弁護士も連れて来い！　警察なんて怖くも何ともねぇんだよ。俺は元々は極道だったのは知ってるだろ！」

30分間だけで「殺す」と70回は脅迫され、言われ続けた由々しき事態。因みに、このIさんは、テレビでも何度か紹介されている有名な居酒屋の店主。

私は極めて恐怖を感じたので警察に通報する事も熟慮したが、今は様子を見る事にしている（仮にも怪しき人物が自宅に来たならば即通報する構えでは居る）。

即ち、叔父であるJさんにせよIさんにせよ、長男であるY（実父）の言葉だけを全て丸呑みし、高野憲一たる障害者を悪人に仕立て上げている分かり易い構図であり、諸悪の根源は全て実父Yそのものであり、その責任は重大なのだ。

高次脳機能障害とは判りにくい病であるため、高野家一族は、私が後遺障害等級第2級と認定された重篤な障害者であることを全く分かっていない。この低落ぶりを知り、私は「高野家一族」とも絶縁する事を既に決めている。

元妻N子とO一家にせよ、高野家一族にせよ、一番信頼・信用出来る筈であろう人々に裏切られたり、保険金を摂取されたり、常に金の無心をされたり……。高次脳機能障害者の私にとっては平和に暮らして生きて行く事が出来ない非常に辛い世の中です。裁判所も警察署も余りにも杜撰過ぎます。

例えば、私の友人で交通事故に遭い、高次脳機能障害者になられた女性も、降りた保険金を分かっているだけで2000万円は四人の男達に騙されて摂取・着服された。その男達は詐欺で全員検挙されたが、「高次脳機能障害者は人に簡単に騙され、そそのかされてしまう、非常に詐欺に遭い易い病ですので重々気を付けて下さいませ」と法務省や法務局から散々聞いて参りました。

高次脳機能障害者は常に「己の身は己で守る」、「決してその場では決めない」、「金は貸さない借りない」が基本中の基本であると、私は実体験から述べます。

我が国日本の障害者虐待防止法や人権侵害は見せかけだった

法務省や佐倉法務局、千葉県庁の障害者福祉推進課などでは、話こそ聞いてはくれるが、元妻N子、元義父O、元義弟Kに自賠責保険金を散々に渡って摂取・着服され、「自賠責保険金の30％を寄越せ」と恫喝までされ、最終的に任意保険金狙いから都内に「悪意のある遺棄」をされた事実をあらゆる行政機関・団体に片っ端から電話をして訴えても、抜本的な解決をしてくれる事は皆無。

ＮＰＯ人権団体にも電話をしてみたが、インターネットで看板だけは「人権を守ろう」などと謳ってはいるが、実際には何ら機能していないのが現実。私は痛い程よくよく理解した。

頼りの成田警察署はＯ親子の事を何らマトモに捜査もせず、罰せもず、翻って佐倉裁判所や高等裁判所の判決も全く逆の結果となってしまった。

今の日本の惨状は障害者にとって大問題なのである。

極端な話をしよう。

「日本では障害者が騙されようが遺棄されようが何されようが知らぬ」事に帰結する。これが果たして成熟した民主主義国家・法治国家だと誇りを持って言えるだろうか？

否！　日本では知的障害者など、どうなろうと実際は関係なしなのである！(これが現実)

更に言えば、「障害者は健常者・極悪人・詐欺師により騙されようとも泣き寝入りしておけ！」なのである。


今の日本で障害者は「生きやすいですか？　生きづらいですか？」のどちらですかと二者選択を迫られたら、私は自信を持って「大変生きづらいです！」と答えるだろう。

我が国には様々な行政機関・団体が存在し、話こそ聞くが、解決に向けて一心同体となり率先的に全力で動いてくれる機関は皆無なのが現状である。私の実体験と照らし合わせて自信を持って告げよう。彼等は何かあると直ぐに「裁判」や「弁護士」を即座に持ち出すが、ではあなた方は一体何なんですか？　と私は強く問いたい。

障害者虐待防止法はあるものの、「禁止」しているのみで、罰則・罰金は科されないと法律で決められていることが大問題なのである。だから２０１６年７月、世間を震撼させた障害者施設での大量殺人事件のような残忍極まりない事件などが起こってしまう一因にも繋がるのである。

長年、家族などにより虐待を受け続け、どこに相談してもおざなりにされてしまい、未だに虐待を受け続けている障害者が日本には沢山存在すると私は確信している。

民間団体で「障害者虐待防止法・障害者の人権」に極めて特化した障害者のための強固な団体が創立されたら、日本は間違いなく変わるだろう。現状では見当たらないので、社会から置き去りにされた障害者達は間違いなく歓喜の声を挙げるはずだ。

この民間団体は有償でも良いと私は思っている。同じ目線になり、一緒になって全力で解決してくれるなら弁護士を雇うより安い。

「判断能力のない人・知的障害者・身体障害者」の財布から鍵を抜いただけで罰せられる筈が、成田警察署などのように全く動いてくれない惨憺たる有り様に喝を入れるためにも、こういった障害者のための民間団体が創立され、同行して代弁者となってくれることが必要不可欠なのです！

千葉県にも「高次脳機能障害者の家族の会」などあるが、何ら手助けはしてくれなかった。とある会では、私が〇親子にされた事を全て語って、助けて下さいと懇願したにもかかわらず、「会の名が傷付きますしぃ」たる物言い。私は唖然とした……。

現状では「高次脳機能障害」や「同名半盲」たる病を持った人の方が悪い、と私には見え、閉塞感を強く覚える。好きでなった病ではないのに、だ。

ここで読者の皆さん方に注視して頂きたいのが、離婚などをして縁を切り、その後、行政団体等に相談しても、「離婚したのであれば、それまで虐待を受け続けた事は、もう障害者虐待にはなりません」と冷たく述べてくるので要注意です！

即ち現状の行政機関や団体では、同居中に親族から虐待や差別を受け続け、そこからようやく逃げ出して、改めて相談しても、「既に終わった事ですから」と帰結してしまう最悪の状態なのです。

余談になるが、インターネットで徹底的に調べ上げていたら「啓発」というキーワードに引っかかり、その手続きを佐倉法務局で行ってくれるとの事で同局に出向き、元妻N子に対する「啓発」を職員のKさんに託した。Kさんは何度となく電話を入れてくれたようだが、N子は一切電話には出なかったので、私は文書にてN子の自宅に送って下さいと頼んだ。しかし、それは受け入れてくれなかったので、ではこのままN子に「啓発」する事で進めて下さいと頼んだ。

するとKさんは、「N子さんから任意で聞き出さない限り啓発は出来ないんですよ」たる有り様だった……。

高次脳機能障害者と「婚活」①

一括払いで購入した分譲マンションの自宅内部は「和とＯｌｄ　Ａｍｅｒｉｃａｎ」を基調として綿密に作り上げ、週３回介護ヘルパーに来てもらいながらの独り暮らしが始まり、法律事務所と裁判所を行き来する日々を送っていた。

しかし、漠然と己の将来の不安に陥り、「このままで終わる訳にはいかない！　これでは単なる障害者の泣き寝入りの人生で終わりではないか！」とメラメラと闘争心が芽生え始め、今度こそ誠実な女性を見つけ出して結婚し、幸せな家庭を築き上げよう！　と強い意思を固めた。


何でも己独りでやらなくてはならないという、ある種の自己防衛本能からの独り暮らしが病を飛躍的に改善させるのに一役買ったのかも知れない。だが、洗濯物を干す事は出来ても畳む事は出来ない。バリバリの高次脳機能障害者であるのは紛れもない現実で、物の組み合わせは未だに苦手だ。

でも私も人の子。何でも話し合え、心底信頼でき、俺の事を根底から支えてくれる奥さんが欲しい……。

そこでまずは成田市のホテルで開かれている、3社の婚活パーティーに片っ端から参加してみた。高次脳機能障害は判りづらい病だと謳われているので、様々な女性と会話しても「高次脳機能障害者」であり「同名半盲」だとは分からないだろうからと、敢えて自ら告げなかった。参加料金は1時間で6000円が相場だった。

プロフィールの職業欄には流石に無職とは書けないので「脳医学の勉強」と書いた。

頻繁に参加しているうちに色々と分かったのが、カップリングの結果発表を見ると、カップル成立は極めて少ないということ。

私はバリバリの都内っ子だったので、次は新宿や池袋など東京都内の婚活パーティーにシフトチェンジしたが結果は一緒だった。

婚活パーティーの世界って、男性は僅か1時間で参加料金が6000円もかかるのに、女性は無料か500円。そのせいか、女性の本気度が全く感じられなかった。本気で恋人や将来の旦那さんを探すつもりなら5000円くらい支払っても安いぐらいに思う。男女で料金がアンバランス過ぎる……。

実際問題、男がカモにされているだけと言っても過言ではないだろう。

そもそも、一人の女性と3分間程度の短い時間で話して、また次の女性と3分間話すのを繰り返すだけで、カップル成立になる事自体、無理があると思う。成立度が極めて低いのも頷ける。

私は途中から女性参加者の本気度の余りのなさに「サクラ」なのではないか？　と未だ

に疑っている。

ユッタリと時間をかけて飯や酒などを呑みながら、己の人間性などを徹底的にアピールし、ジックリと対話出来る団体はないものなのか……と検索した結果、都内に「社会人サークル」なるものがあり、参加し始めた。ＪやＰという団体で、簡単に言えば居酒屋での合コンであり、一度席替えをする程度の流れだった。

婚活パーティーと違って女性も無料参加ではなく、３０００円ぐらいの参加料を徴収していたので、それなりの期待はしていたのだが……。何だか傲慢な女性や極端な変わり者や陰湿な女性ばかりで、社交的で、それなりの知識は持っていると自負していた私だが、結婚が出来ないそれなりの理由を持つ女性達とは全く波長が合わなかった。

おまけに、Ｊのあるスタッフとは電話で揉めた。

帰りの電車に乗っていると、スタッフからいきなり電話がかかってきて、「女性が引くので話さないで下さい」と言う。

「は？　私が一体何か致しましたか？　セクハラですか？　何ですか？　そんな事を言われたのは生まれて初めてですよ」

キチンと金も支払い、参加者として普通に振る舞ってきた私にあらぬ言いがかりをつけてきたのだ。

「では今まで私が参加してきた料金を全額返金してくれ」

そう返すと、挙げ句の果てに「お前」呼ばわりまでしてきたので、

「警察署に聞いたらJは集客しては徴収するという悪徳商法の可能性が高いと言っていたぞ！」

と論破してやった。それでも、「今まで参加した料金は返さない」との一点張り。私は直感的に、この社会人サークルは極めていかがわしい連中だと思ったのでサッサと辞めた。

そんな訳で再び成田市のホテルで開催される婚活パーティーに舞い戻り、なんと！　私はカップル成立した！

この女性はトリマーで、ペットを扱う経営者だった。ところが、とにかく一緒に何をしても1円すらお金を出さなかった。それでも私は奥さんになるかもしれない人なんだから……と誠心誠意尽くした。経営している土地を失うかも知れないという法律問題で揺れていたので、今まで世話になった弁護士を彼女に紹介し、便宜を図り、立ち会ったりし、コ

ネをフル活動して雇い入れたりと八面六臂、よく動いた。

だが、長くは続かなかった。

私は、奥さんと見据えた女性に対して病を隠すのは嘘つきになってしまうので、彼女に弁護士が付いた時、これまで己に降りかかった災難の全てを赤裸々に語った。

「交通事故に遭って意識不明の重体となり、死線をさ迷って奇跡的に生還を果たした代わりに二点の後遺症を残してしまい『高次脳機能障害』と『同名半盲』たる病を抱えてしまった」と……。そして、精神障害者保健福祉手帳と身体障害者手帳の2冊の障害者手帳を提示した。

「大変な思いをされたんだね。明るい未来を一緒に築き上げてゆこうね！」と言われると思っていた。が……その3日後、「もう会う事は出来ない」と短文メールが送られてきた。理由を尋ねてみても何ら返信されなかったので、更に私はメールにて「俺は身も心もあなたに対して徹底的に尽くしてきた。別れるのは仕方がないとしても、こういう重大な話は会って目を見てキチンと話そう」と促した。


しかし、返信はなかった。

「俺は都合の良いように使われただけだったのだな」と悲しくなったと同時に、「見事に騙された。これは結婚詐欺だ！」と怒りが込み上げてきた。

私はこの短期間に、彼女は奥さんになるものだと完璧に信じ込んでいたので既に30万円は使っていた。そこで彼女に、「俺みたいな就労不能と診断されている障害者を都合良く財布代わりに使って1円すらも出さない。俺は弁護士まで紹介して尽くし続けたのに……。働けない俺にとって30万円は非常に重要な金だから、せめて10万円だけでも良いから返してくれ。それで潔く縁を切ろう」とメールを送った。が、全くの無視。更に何回かメールを送ると、ある日、佐倉警察署から電話がかかってきた。

「ストーカー行為である」と。

「私は障害者であり、知的障害者や身体障害者が金を摂取され続けられたのを平気で看過するのか？　警察官とは悪人を裁き弱者を救い出し味方をするものではないのか？」

そう述べると数日後、自宅に突然、佐倉警察署の警察官・男女二人がやって来た。「家に上がらせてもらいたいのですが」と言うので、何ら非はないと自認していた私は二人を家に上げた。

まずは、私が一体どういう身の人間なのかを理解してもらうために、2冊の障害者手帳と全ての診断書を提示した。ところが、何故だか私はストーカー扱いにされているという青天の霹靂の展開。

警察官が書類に印鑑を押してくれるようにせがむので、不服だったが分からないまま……書類に判子を押した。

（高次脳機能障害者の皆さん方に高野憲一からの厳重注意。警察署や裁判所は、我々高次脳機能障害者達を公平に裁かないどころか、決して味方にもなってくれませぬ。寧ろ敵だと思ったほうが良いでしょう）

婚活パーティーで知り合ったこの女は極めて卑怯者であった。「障害者とは付き合えません、ごめんなさい」と正直に一言、告げてくれた方が余程マシな話であり、それで私は納得したものを「金は1円も返したくない一心」で佐倉警察署に駆け込んだのである。

結婚前提の付き合いをした女性の口車にコロッと騙され、貢いでしまっただけなのである。高次脳機能障害は人の真意を見抜けない病であり、詐欺に遭い易いので、簡単に人の話を信じて、それに乗っかっては駄目ですからね。

高次脳機能障害者と「婚活」②

婚活パーティーで何ら戦果が挙がらないので、今度は「結婚相談所」に着目した。

インターネットで検索していると多種多様の結婚相談所がヒットし、その中で「N」という大手を閲覧していると、「自身のプロフィール」を入れる欄が出て来たので、試しに個人情報を入力してみた。と、即座に「N」から電話がかかってきた！

早速、営業マンに尋ねられたのが「無職」という点だった。私は、「分譲マンションを一括で支払い購入し、7000万円の貯金があって、それで暮らしている身なので無職なんですよ」と告げ、高次脳機能障害と同名半盲たる障害者とは言わなかった。というより凄まじい営業トークに圧倒され、伝えられなかった。

更に「無職では登録が出来ないので6万円程の株を購入されて投資家という肩書きにな

られたらどうですか？」と営業をかけられたので、コロッと話に乗っかってしまった（6万円ぐらいの株を持つ事によって、働けない俺が職の肩書きを持つのも悪くないなとプライドのみで考えてしまった）。

既に頭の中は「株を購入する事で一杯」であり、この関わった事もない世界に飛び込んでしまった。株を入手する方法を検索をかけて調べると、成田市で「あかつき証券」がヒットしたので電話をしてから「あかつき証券」に直接赴いてみた（あかつき証券はいつも通る道にあるので場所や存在は知っていたが一切無縁だった）。

早速、「あかつき証券」の職員に株を購入したいのですが、とお伺いすると「アイザワ証券で口座を作って頂けますか」と何やら株取引にはルールがあるらしく、何も知らない私は言われるまま、歩いても行ける「アイザワ証券」に口座を作りに行って、その足で再び「あかつき証券」に戻ってきた。

そして改めて株を購入した。その株は「みずほ銀行」で、「6万円分」を購入した（みずほ銀行は反社会的な人間と繋がっていた事が発覚し、テレビで連日叩かれていたので株価は暴落しているだろうから、底値まで落ちたら再び上がって来ると読んだのが理由）。

職の肩書きを作り、改めて「N」に電話をしたら「通帳と実印と株を持参して下さいませ」との事で、千葉駅の「N」にヒョイヒョイと行った。

ここでも営業トークをバリバリかけられ、一番安いコースで良いと告げたら「それでは到底、見付かりませんよ」とのこと。そして、コロッと30万円以上の高価なコースで契約してしまった。

結局、私が障害者であるとは伝えられないまま、欲しくもない株まで買わされ、投資家たる肩書きを持たされ、高価なコースで結婚相談所「N」と契約してしまった訳だ。

私の結婚相談所のイメージとは、仲人が居て女性の写真を見せられ、人柄などを詳しく伝達してもらい、成婚まで導くように努力してくれる人を常に挟んでいる、というものだった。しかし、実際には「N」のホームページ内にある会員（自分）のページに、毎月10人〜20人程度、写真付きで女性の情報が送られてくるだけだった。

そして、私のプロフィールを見たら、いつの間にか「月収40万円」と記載されており、非常に驚いた。事実上、無職なので月収は0円なのに、だ。

ひとまず、送られてくる女性の情報に対して、私は選り好み出来る立場ではない障害者なので、片っ端から「お見合い」をＯＫにした。しかし、全くお見合いは実現されなかった（因みにお見合い料金は1回1万円だったと思う）。

「N」主催の婚活パーティーにも積極的に申し込んではみたのだが、1年間でたったの2回しか参加出来なかったという由々しき事態。

結局、1年間「N」から送られてくる女性達の情報の全てに対して「お見合いOK」をしたにもかかわらず、実現したのはたった1回のみ。総崩れ状態だった。

それもこの1回とは、千葉県は成田市からわざわざ新潟県までお見合いをしに行ったのに、肝心の相手は「前の彼氏がまだ好きなんです」と、お見合いをする資格すらない女性であり、私は新潟県での宿泊費と時間を無駄にしただけであった。


作り上げられた自己プロフィールは虚偽だらけであり、挙げ句の果てに大金を支払って入会し、頻繁にお見合いができると思っていたのに、1年間でたった1回のみという文字通りの総崩れ状態。これを打破しようと、私は「N」の本社に電話をかけて、何から何まで全てをぶちまけた。

「私は交通事故に遭い、死線をさ迷い、奇跡的な生還を果たした代わりに重い後遺症を残してしまい、後遺障害等級第2級という凄まじい等級を認定された高次脳機能障害者に同名半盲者たる身で、精神障害者と身体障害者の2冊の障害者手帳を持ち、プロフィールには投資家なんて記載されておりますが、6万円程度の株を買うように勧められ、投資家の肩書きを持たされただけで、実際は月収0円の無職なんですよ。営業マンに言われるまま鵜呑みにして入会してしまったに過ぎず、こんな嘘だらけのプロフィールがまかり通ってしまっては『N』の信頼問題や沽券に関わる問題となりますし、現にお見合い回数はたったの1回だけであり、これが結婚相談所と言えましょうか？　入会した時に支払った30万円を返して下さい」

「N」の本社の方は重く受け止め、「営業のあり方を根本的に見直さなければならない大問題ですね。今すぐに障害者手帳の写メをメールで送って下さいませ」と告げられたので、私は即座に2冊の障害者手帳の写メをメールに添付して送った。

すると、すぐに電話がかかってきて「全額をお返しして、お振り込み致します」と告げられ、1週間後には全額振り込まれていた。

これにて結婚相談所「N」とは完全に縁が切れた。

そんな訳で、私はO親子によって「悪意のある遺棄」をされた平成23年から現在まで、彼女は一人も居なかった事になる。

第2回目の交通事故（再び千葉県は成田市）

２００９（平成21）年、成田市で自転車を押しながら坂道を歩いていた時に、前方不注意・脇見運転の車に正面衝突され、文字通り死線をさ迷い意識不明の重体のまま、救急車で日赤病院に運ばれ……その後、これまで記してきたように親族の非人道的態度をはじめとする様々な困難・苦難を乗り越え、一人で暮らすことを選択し、２０１１（平成23）年8月に分譲マンションを購入して生きている。

その私の毎日の生活に、どうしても欠かす事の出来ない必須アイテムが電動自転車であり、文字通り重要な足であった（介護ヘルパーは毎日来ている訳ではないので）。

そんな折りの２０１２（平成24）年11月30日、いつも通り電動自転車に乗って買い物に行こうと、日赤病院の道路を挟んだ目の前にある「なごみの米屋」という成田市では有名な和菓子屋の前を通過しようとしたとき――。この店の駐車場から徐行運転もせず、スピードを落とさず飛び出して来た乗用車に右側から思いっ切り電動自転車ごと跳ねられ、アスファルトに叩き付けられた！

何が何だか分からないまま、とにかく頭や首をアスファルトに強打したらしく、寝転がったまま手で頭を触ったらタンコブだらけであり、特に首が痛く、咄嗟に「これは、下手に体を動かさない方が良いな。とりあえず安静にしつつ縁石に座る事としよう」と比較的冷静に考え、全損した自転車をそのままにして道路から起き上がった。

と、私を跳ねた相手が車から降りてきて、謝りもせず「大丈夫ですか？」と問いかけてきた。

「全身中痛く、大丈夫ではないからここに座っているのではないか！　一体どこを見て運転しているのだ！　体が動かんから大至急、救急車を呼んでくれ！」

そう訴えかけると、相手は慌てて１１９番を入れて救急車を呼び、救急車が駆け付けてきて即座に首にコルセットを嵌めて下さったのだが、日赤病院が道路を挟んで目の前ならタンカで運んでくれた方が、余程合理的ではないのかと訝しげに感じた。

私を跳ねた相手は成田市民ではないが同じく千葉県民であった。

診察を受け、CTスキャナーも取り、「頸椎捻挫」「頭部打撲」などと診断を下されたが、幸い骨折は免れ、骨にヒビも入っていなかったので入院だけは免れた。

念のため、元妻N子に「交通事故に遭って救急車で運ばれ、もしかしたら入院するかも知れないので、今、日赤病院に居るから来てくれ」とメールを送ったが、「身体は大丈夫なの？」の一言すらもなく、車で13分もあれば来られる距離なのに、「仕事があるから日赤には行けない」たる冷酷さ。日赤病院側も大層驚いていた。

因みに成田警察署の調書で私は、この交通事故の加害者に対し、「罪を科さなくて結構ですし拘束されているのなら即座に解放してあげて下さい」と武士の情けをかけた。

しかし、にもかかわらず加害者は、とうとう最後まで一度たりとも自宅に謝罪にすら来なかった。

人として失格な、この加害者が加入していた保険会社は「あいおいニッセイ同和損保」（あいおいニッセイ同和損害保険株式会社）であり、次の日、ここの職員から電話がかかって来て、公津の杜駅の目の前にあるイトーヨーカ堂のマクドナルドで待ち合わせる事となった。

この職員のファーストコンタクトのイメージは傲慢な感じであり、後に徐々にそれが表れた。揉める予感……という直感力の鋭い私でもあった。


この第2回目の交通事故の時は「補佐人の弁護士」「民事の弁護士」「元々私に付いて居られた第1回目の交通事故の時の弁護士」達とは既に事が終了した後だったので、全ての判断は私自身でしなくてはならなかった。今の私なら即座に、誰かしら弁護士を雇っていたが、判断能力のない私は、流されるままに従った。

リハビリの通院先も、この「あいおいニッセイ同和損保」の職員が決め、乗っていた電動自転車も全損したので、タクシーにて通う事とし、常日頃使っていた障害者の私の事を熟知している「成田タクシー」会社を強く要望したが、それも通らなかった。代わりに「参光タクシー」を使用してくれと強く要望されたので、仕方なくそれに従った。

成田市にタクシー会社は沢山ある中で何故にワザワザ「参光タクシー」なのか……。「あいおいニッセイ同和損保」と何かしら繋がりがあるからなのだろうか。その証拠に、私の自宅から最寄りの公津の杜駅までの間で「参光タクシー」など、これまで殆ど見かけた事がない。

この「参光タクシー」なのだが、ホトホト困った。毎日リハビリの通院のため電話で呼び出すのだが、「今、日赤病院に居りますか?」と聞くと、必ずや「居ます」と返答してくる。

ところが、日赤病院から車なら10分もあれば来られる距離なのに、呼び出すと30分は待たなくてはならず、余りに毎回毎回遅いので、迎えに来た運転手に、どこから来たのか聞いてみると、日赤病院から来たことは殆どなく、隣駅の成田や、とんでもない所から来るケースばかりだった。

おそらく「参光タクシー」の業務体系は、無線を成田市で取っているのではなく、千葉市で取っており、成田市の事を熟知していないから30分も待たされるのだろう。

しかしながら「頸椎捻挫」(ムチウチ)の痛みを一刻も早く軽減させ、治さなければならないので、面倒だが毎日毎日、保険会社から指定された公津の杜駅にある「T接骨院」に通った。そして、毎日の通院とリハビリの甲斐あって、根本的な痛みは取れないが、交通事故当時よりは随分と回復はした(通院回数は98回、3ヶ月間以上は通い詰めた)。

このまま通院すれば、更に良くなるだろうと思っていた矢先のこと。

「あいおいニッセイ同和損保」の担当職員から電話がかかってきて「通院の打ち切りと示談の話」を急に持ちかけてきた！

嘘のつけない高次脳機能障害者の私は、こう述べた。

「交通事故以来、リハビリによって随分と良くなってきている今、ここでリハビリを打ち切る事は出来ませんし、加害者は一度たりとも謝罪にすら来ていない最中、示談は出来ませんよ」

すると、「これ以上は通わせられません！」と高圧的に返してきたので、私は示談を鎧袖一触《がいしゅういっしょく》アッサリと断った。数日後、再び電話がかかってきて、今度はさらに強圧的だった。

「あなたの場合、私では手に負えないので弁護士に依頼しました。今後は弁護士とやり取りをして下さい」

試しにインターネットで検索をかけると、「あいおいニッセイ同和損保」の出し渋りは有名な話だった。

そして数週間後、その弁護士から書類が送られて来たが、その文書内容は文字通り滅茶苦茶であり暴論だった。簡単に言うと、今回の痛みや怪我の全ては「第1回目の交通事故が原因であり今回の交通事故が原因ではない」と書き記してあり、更には「示談金は僅か50万円」たる内容だった。

私は即座に、元々世話になっていた弁護士の法律事務所に電話をして聞いてみた。

「通院回数が98回であり、向こうは50万円を提示してきて、今回の頸椎捻挫や頭部の痛みは前回の交通事故が起因だと無茶苦茶な事を述べてきましたが、相場はこんなもんなんですか？」

「最低でも通院日数×1万円ですよ」と先生からアドバイスを頂き、早速、「あいおいニッセイ同和損保」の弁護士の所へ電話をかけた。

「今回の交通事故と、前回の死線をさ迷った交通事故との因果関係は皆無であり、前回の交通事故によって首が痛くなった事など一度も自覚症状すら皆無であり、今までお世話になってきた弁護士に今回提示された50万円との示談金を告げたら、通院日数×1万円が最低ラインだとの助言を得たので98万円は頂かないと示談は致しませんし、電動自転車も弁償して貰わないと生活が出来ません」

すると意外にもアッサリと、「では１００万円で私が話を通しますから、それで納得して頂けますか？　当然、新車の電動自転車もご用意させて頂きますので」と言われた。

よく示談交渉などでゴネる人が居るが、私はあくまでも正直に生きたいので「１００万円の示談金と、電動自転車の弁償」で承諾し、約束通りに１００万円が振り込まれ、電動自転車も新車が用意され、一応の決着は着いた。


毎日通い詰めた３ヶ月間以上のリハビリ・通院生活では様々な行動を縛られ制限され、非常に面倒な思いをした。

そして、この３ヶ月間以上のリハビリ生活を終え、直感力の鋭い私は「二度ある事は三度ある」という先人達の故事をフト思った……。

第3回目の交通事故（やはり千葉県は成田市）

毎日の生活で電動自転車が欠かせない重要な「足」であるのは前出した。

そして、やはり……。先人達の故事ことわざは確かだった。

「二度ある事は三度ある！」

2回目の事故から約半年後の2013（平成25）年5月27日、日頃、頻繁に通っている成田市の大動脈である国道51号線を電動自転車で市役所に向かう途中の出来事……。

51号線沿いに沢山存在する信号の一つを「青」で渡った瞬間、左から曲がってきた「信号無視」の車に左側から電動自転車ごと思いっ切り跳ねられた。たちまち私はアスファルトに身体を投げ出され……ゴロンゴロン……転がる、転がる……。

身体が回転からようやく止まると、首と左肩と左足の甲に激痛が走った。

今回の相手は同じ成田市民の80歳の男性のご老人（I氏）なのだか、前回の加害者とは違い、即座に119番通報をして救急車を呼んでくれた。

履いていた草履はバラバラになり、左足の甲は「もしかして、こりゃ縫うかもな？」と思う程に出血していた（この傷は未だに残っており治らない傷跡になってしまった）。

電動自転車を見れば滅茶苦茶に破壊されていた。

救急車が来て、やはり日赤病院に運ばれた。成田市内で通算3回目の交通事故という有り得ない事象……。

前回の交通事故での頸椎捻挫が改善してきた矢先に首の激痛がぶり返し、プラス、今度は左肩の激痛のオマケ付きたる悪夢。

早速、日赤病院にてまたもや精密検査をされたのだが、頸椎捻挫・左肩打撲との診断であり、特に左肩には異常が見られる有り様だった。左足の甲の傷は深かったが、縫わないと判断された。しかし、傷跡を残してしまったことを考えると、これは縫うべきだったのかもしれない……。

今回の相手が加入していた保険会社は「ＪＡ共済」（全国共済農業協同組合連合会）。私のイメージでは「ＪＡ共済」とは農協の印象が強く、農業関係者なのでと好印象を抱いていたが、これがとんでもない悪徳保険会社だった。

痛みが酷いので医師からも入院を示唆されたが、私は帰宅する判断をした。

次の日、「ＪＡ共済」の職員二人が自宅に来て、今後について話し合った。しかし！とてもではないが誠実さの欠片すらなく、前回の交通事故同様に「いつでもタクシーに乗れるようにして下さい」、「通院先はそちらがお好きな所を選んで下さい」と申し出たところ、職員は「通院費もタクシー代も高野さんに立て替えて支払ってもらい、領収書を提出してもらえば振り込みます」との物言い。弁護士に依頼しておけば良かったと未だに後悔をしている。


仕方がないので、自費で前回通っていた「Ｔ接骨院」にタクシーを使って通い始め、それぞれ領収書を頂いて帰るという生活が始まった。

そして、たったの5回程度通院した時に、「ＪＡ共済」から有り得ない話の電話がかかってきた。内容はこうだ。

「電動自転車は加害者が負担をし、草履はＪＡ共済で弁償致しますので13万円で示談にして下さい」

私は至極当然ながら反論した。

「まだ、たったの5回程度しか通院していなく、左足の甲の傷も全く治らず、今回の交通事故によって首の痛みがぶり返してしまい、左肩の痛みと共に検査で異常が見られる以上、まだまだ通院をしなくてはなりません」

「JA共済」の答えはこうだ。

「今後の通院費は一切出しません。通院には加害者が負担して弁償された電動自転車で通って下さい」

とてもではないが余りにも無責任な物言いであり、これが日頃、加入者から保険料を徴収している保険会社とは到底思えない。

更に私は職員に向かって語気を強めた。

「左足の甲が痛いので杖まで購入し、当分電動自転車には乗れません。生活を阻害し、それもたったの13万円で示談なんか出来る訳がないでしょ。私は判断能力のない知的障害者なのですよ」

しかし、職員はそんなのどこ吹く風。

「13万円以上は1円たりとも絶対に支払いません。示談書を送るので捺印して送り返して下さい」

殆ど恫喝と言っても過言ではない有り様で、無理矢理たったの13万円だけで示談させようという極めて強気な姿勢。私は何を言っても無駄だと思い、示談にしてしまった（これは大いなる間違えだった）。

そして自費でリハビリの通院生活が始まったが、一向に首と左肩の痛みが取れない状況で、どうにもならないので鍼《はり》しかないと思い「鍼灸接骨院」に通い始めた。しかし、医療費ばかりかさばり、何ら改善されなかった。

ここで、たった13万円の示談金で強引に納得させられた事に強い憤りを感じ、「ＪＡ共済」に示談白紙撤回の電話をかけてみた。だが、相変わらず「それ以上は絶対に出せない」の一点張り。やむなく千葉県庁や、保険会社を監督している様々な機関に電話を入れてみた。

「判断能力のない知的障害者に身体障害者の私はＪＡ共済によって適当に扱われ、無理矢理示談を押し付けられたので示談を白紙撤回させるように指導して下さいませ」

各機関（日本共済協会・農林水産省・千葉県庁の農林水産部門・日弁連交通事故相談センター・厚生労働省・法務省など）に告げたら、「ＪＡ共済」は余程慌てたようで弁護士を立ててきた（ＪＡ共済の顧問弁護士と思われる）。

そして、Ｙという弁護士から文書が届いた。それを記載しよう。

【代理人並びに支払不能通知書】

平成25年5月27日発生の交通事故（以下、本件事故とします）に関し、当職は貴殿との損害賠償関係一切につきＩ氏及び全国共済農業協同組合連合会（ＪＡ共済）より委任を受け、代理人として就任しましたので、通知申し上げます。

従いまして今後直接或いは代理人をして当依頼者及び関係者宛支払請求の際、貴殿において当依頼者らに対し直接要求を行った場合には、直ちに債務不存在確認請求訴訟の法的措置を講ずることと致しますのでその旨ご承知おき下さい。

さて、本件に係る貴殿に対する損害賠償については、平成25年8月20日、示談が成立し

（以下、本件示談とします）示談金も支払い済みであります。

従いまして、I氏の貴殿に対する本件事故に基づく損害賠償金の支払い義務は消滅しており、当依頼者らは貴殿に対し、今後一切金銭の支払いをすることはない旨を通知致します。

なお、貴殿は、自分は知的障害者であるから本件示談は無効である等主張されておりますが、本件示談の直前の平成25年6月12日、貴殿に対する補佐開始の審判の取消があり、貴殿は、家庭裁判所から判断能力が充分に回復したとの審判を受けておられますから、本件示談時に、貴殿の判断能力が不十分であったと考える理由は全く存在せず、本件示談が有効に成立したことは明らかであります。

◎高野憲一の反論

Y弁護士からの文書が届いて、余りにも傲慢な内容を不服に思い、早速、私はY弁護士の法律事務所に電話を入れた。

「補佐人の取消はしたが、あなたは高次脳機能障害たる知的障害者の存在はご存知ですか？　外出すればすぐに道に迷ってしまい、自分では洗濯物も畳めなけりゃ料理も出来ないので、成田市役所から介護ヘルパーを探して貰い、派遣して頂いている歴然とした障害者なのですよ。鍼灸接骨院まで通っているが医療費ばかりかさばり一向に改善されないのですよ。左足甲の傷跡は最早、治らない状況で、知的障害者だからとたったの13万円だけで無理矢理示談を押し付けられたのに過ぎないんですよ。的確な判断が出来ない高次脳機能障害者に目は同名半盲たる身体障害者に対して、この文書内容は何なんですか？」

　赤裸々に全てを語った。しかし、

「あぁ、そうなんだ。うんうん、ですが1円も出しませんからね」

と、終始苦い返答しかせず、全くお話にならなかった。非人道ぶりには私は呆れた。

　高次脳機能障害者は何か重要な判断をする時は必ずや、「先ずは話を預かっておいて、時間を取って様々な人々から意見を聞いてから判断を致しましょう」の典型的な失敗例。

成田警察署へ提出した「刑事告訴」の文書

以下は平成25年、私が成田警察署へ提出した「刑事告訴」の文書（一部書き換え）です。

高次脳機能障害とは、言葉・思考・記憶・行為・学習・注意などの損失状態を呼びます。これまで何度となく心理テストを受けてきた結果のなかで、例えば、知能指数62・動作性50・言語性78という中度知的障害者に該当する数値だと千葉リハビリテーションセンター（千葉県では一番有名な高次脳機能障害に特化した病院）では位置付けられ、36歳にして「就労不可能」と診断されました。

成田ニュータウンにて前方不注意・脇見運転の車に跳ねられ意識不明の重体で日赤病院に救急車で運ばれ入院し、「高次脳機能障害」の疑いが極めて濃厚との事で千葉リハビリテーションセンターに転院し、そこで正式に「高次脳機能障害」と「同名半盲」との診断を下されました。

そして自宅療養に移り、千葉リハビリテーションセンターへ脳のリハビリに通院しながら脳外科と精神科にも通院していたのですが、妻であったN子並びにO一家（N子の両親と弟）は私の病に一切見向きあわなかったどころか、後遺障害等級第2級による自賠責保険3000万円が降りてからは態度が豹変・急変し始めました。

まずは毎月20万円の生活費を要求し始め、今よりずっと判断能力が希薄だった私は言われるままに毎月20万円をN子に手渡していました。今思えば実家住まいで20万円も生活費がかかる筈がありません。

義父Oには多額の借金があり、毎日のようにやって来る厳しい取り立てに対して本人は一切インターホンにも玄関先にも出ず、元妻N子は私に向かって、口を開けば朝から晩まで絶えず、「取り立てが軽減されるから、お願いだから実家に少なくとも100万円は無利息・無担保で貸して上げて頂戴」と言ってくる状態でした。

満足な判断能力のない私は、とうとう100万円を○に手渡してしまいました。それは、完全に私の保険金狙いだった、と沢山の行政機関や弁護士先生各位に言われ続け、今になって徐々に気付き始めました。

また、義弟には「自賠責保険の30%を寄越せ」と恫喝されるなど、自賠責保険が降りてからは、高次脳機能障害者は感情のコントロールが取りにくい事に着目したらしく、毎日のように「怒らせる」ように煽られ、仕向けられ、私が怒った瞬間だけを密かにテープレコーダーに取り、罰せられないようにするための既成事実を作っていたのでした（密かにテープレコーダーに録音していた事は後に父親・母親・弟夫婦から聞かされて知る）。

N子を含む○一家は、「悪意のある遺棄」を行って逮捕されては元も子もないので、「なるべく怒らせるよう」に仕向け、「決して保険金狙いからの遺棄ではございません」とする証拠を作っていたのだろうと弁護士先生各位から告げられました。

「この奥さんと○一家の本当の狙いは非常に悪質でして、憲一さんは既に嵌められていますよ。これから高野さんに降りる莫大な任意保険が財産分与の対象になる事を熟知した計画的な悪意のある遺棄でして、それが○一家の真の狙いなのでくれぐれも厳重に気を付けて下さいよ」

「遺棄」をするための証拠が欲しかったので、私に対して絶えず精神的虐待を与え続けたのでした。そして実際、私は都内に「悪意のある遺棄」をされました。本当の狙いが明るみとなったのです。

遺棄された次の日には、財布から自宅の鍵を抜かれている事に気付きました。

結局、私は都内にTシャツ1枚・短パン1枚・薬1日分だけで放り出され、住む家を突然失い、紙袋一つでアパホテル住まいをしながら、親族・知人・友人達の家を転々とし、その後、友人達の手伝いのもと成田市に分譲マンションを購入し、成田市役所障がい者福祉課から介護ヘルパーを派遣してもらって、やっと生き延びております。

しかし……。私の住まいが定まった瞬間、即座に佐倉裁判所を通し婚姻費用20万円の申し立て請求をしてきました。さらに、子供達とは満足に会わせてもくれませんでした。遺棄される直前に行われた3時間に渡る話合いで○とN子が述べてきた約束事は、「①お金は1円も決して求めない　②子供達とは好きな時に会わせる」でした。

現在の住まいが決まってからも1ヶ月の間、私の全荷物すら返してはくれませんでした。

都内に「悪意のある遺棄」をされた後の1ヶ月間、私の貯金通帳は〇宅に荷物と一緒にそのままだったので（実印も含む）、通帳と実印を使って好き放題に金を降ろされていたのでした（キャッシュカードは所持していので、見覚えのない金が引き下ろされていたのがわかりました）。

よくニュースで、障害者や高齢者や判断能力のない人から物や金銭を着服したら逮捕されるのを観ていたので、早速、法務省にお伺いの電話をしたところ、「高次脳機能障害者や知的障害者など判断能力のない人から、例え財布から鍵を抜き取ったただけでも犯罪が成立しますから」と案の定な回答が得られ、法務省の職員から立て続けに、「都内までお越しになるのはご足労ですので高野さんはどちらにお住まいですか？」と問われたので、千葉県は成田市在住者と答えたら、「話はしておきますから佐倉法務局に日取りを決めて早急に行かれて下さい」と指導され、佐倉法務局の女性職員Sさんのところへ四度に渡って相談に上がりました。

Sさんは高次脳機能障害の事を熟知しておられ、「とにかく、高次脳機能障害者の方は詐欺に遭ったり騙されたりする例が多く、財布から鍵まで抜かれ、憲一さんの任意保険が最終目的であり、悪意のある遺棄までされているので成田警察署の刑事課に行って刑事告訴をして下さい」と重々に伝えられました。

やはり法務省も同様な見解を示し、「高次脳機能障害者で判断能力のない知的障害者の財布から鍵を抜いただけで犯罪ですから」との見解でございました。

我が国には「障害者虐待防止法」という法律が歴然と存在致しますが、全てにおいて〇一家、および元妻N子はこれに抵触致しますので厳重な処罰を求めます。

これでは千葉県の障害者達が安全・安堵に社会で暮らす・生きて行くのは極めて困難な状態でございます。

改めて述べますがN子並びに〇一家を法に照らし合わせて厳罰に処して下さい。

私は診断書に書き記してあるように右脳が壊死しており、目は「同名半盲」たる不治の病を二点抱えている精神障害者保健福祉手帳第２級に身体障害者手帳第５級の身でございます。

N子を含む〇一家に嵌められ「悪意のある遺棄」をされた私は精神的にとてつもない衝撃を受け、絶望してしまい、自殺を図ろうとして成田市障がい者福祉課の職員にアパホテルのロビーで強制保護されてしまい、即座に日赤病院に行く事となり強制入院させられるところまでなりました。強制入院をするに当たって、どうしても親族のサインが不可欠なので、その場で医師がN子に電話し、サインをしに来るように促したのですが、N子は一切見向きもせず、サインにすら来ませんでした。

日赤の医師は「極めて人命を軽視した人だ」と半ば怒っておりました。

高次脳機能障害は我が国日本では認知症に酷似していると述べられたり、見た目では判らないので「判りづらい障害」と言われたりし続けております。

多重債務者であるOは、佐倉裁判所からの呼び出し通知書を一切受け取らず、債権者達の取り立てが頻繁に来てもひたすら逃げ回っています。O一家は金を欲するあまりに妻であったN子を使い、わたくし高野憲一に悪意のある遺棄計画を仕掛けたことに帰結致します。


〈追伸〉

この文書は、法務省・佐倉法務局の指示通りに、全ての診断書を持ち込んで、成田警察署に刑事告訴したときの、私の「乾坤一擲」の文書です。

しかし、成田警察署は「被害届」を受理すらもしてくれず、何ら捜査すらしてくれませんでした。

あとがき　～宇宙の法則

　創造主（神様）は森羅万象を造り、その精密かつ偉大さを私は年がら年中、老若男女に説いている。その内の一つを紹介しよう。

　人様から1000円を騙し取るなり盗むなりすると、それは早いスパンで「悪い事は三倍返しで己に降りかかって返って来る」。その場の一旦・一瞬は、シメシメ儲かったと思うが「宇宙の法則」に照らし合わせると因果応報であり、例えば「50万円」を人様から詐欺るなり騙し取るなりで盗むと、己自身は早いスパンで「150万円」を損するものなのである。

　これは物にも言える事で、店や人様から物を一つ盗むと「己自身の物を三つ失うのである」（壊れたり・なくしたり・失ったり）。

「悪行」とは必ずや己自身に三倍返しで跳ね返ってくる。その逆に「善行」たる徳を積むのが天国への一番の近道なのだが、例えば本日、人様にご馳走したり、物をプレゼントしたりすると、己自身に即座に返って来るのかと思ったら、宇宙の法則では「善行は如実になかなか現れない」ものなのである。

だが！

「善行」を積んだ結果は、必ずや報われる日が到来する（人生最期は苦しまないで死ねるなど）。

交通事故で車に跳ねられ、絶対死と言われ死線をさ迷い臨死体験までし、奇跡の生還を果たした私は「高次脳機能障害」と「同名半盲」たる不治の病を抱えて障害者になってしまった。

その私に対して「悪意のある遺棄」をした、極めて悪質な非人間的・非人道的な元妻N子並びにO一家には、宇宙の法則に照らし合わせてみると必ずや「未曽有の三倍返し」が訪れるのは想像に難しくない事であり、「１００％地獄行き」は鉄板なのです。

救わなくてはならない、常に介護が必要な家族である亭主を「任意保険金が最終目的の悪意のある遺棄」までするなど、最早、人間の所行ではないのである。

ここで私は述べたい。

ある日突然、亭主・妻・息子・娘などのご家族が「高次脳機能障害」という厄介かつ奇怪な病になってしまっても、何が何でも絶対に見捨てたりはしないで下さい！

高次脳機能障害とは「薄紙を1枚ずつ剝がして回復してゆく病」なので決して諦めないで下さいませ（これ以上悪くなる病どころか逆に回復を見込める病ですから）。

法務省や佐倉法務局の職員とは、これまで沢山会話をして参りましたが、「とにかく、高次脳機能障害者は詐欺に遭ったり騙されたりするケースが非常に多いんですよねぇ」とたびたびおっしゃっていました。「決断や判断を下す時は、最後は絶対に私に話してね。約束だよ」と、高次脳機能障害者になってしまった家族には、絶えず「声かけ」を日常会話の一環として率先的に常に織り込んでください。

高次脳機能障害者は、その場の軽率な判断や決断によって思わぬ失敗や取り返しのつかない大失敗をしてしまいます。根本的に「判断能力」が著しく欠けている病ですので、暴走や無謀な行為に走ってしまうことも多々ありますが、ご家族の方は、いきなり怒るのではなく、責めたりもせずに、「常にユッタリと分かり易く説明をしながら話してあげる」

を基本理念にして下さいませ（覚醒する日が必ずや到来して来ますので臥薪嘗胆《がしんしょうたん》をモットーに）。

私は「性善説」に基づいて生きていたので、一番信用していた家族によって、まさか、こんな悲惨かつ極悪非道な目に遭うとは思いもよりませんでした……。

高次脳機能障害者が、私のような悲劇に遭ったり、第二・第三の被害者を生み出したりしないよう、ご家族の方は「高次脳機能障害の傾向と対策」を日々勉強するため、図書館で本を沢山借りて来るなりインターネットを駆使するなりして常に調べ、あたたかく、力強く見守ってください。

私からのお願いです。

＊「高次脳機能障害　乾坤一擲の戦い」で検索していただくと私のブログが表示されます。

２０１７年11月

高野憲一

著者プロフィール

高野 憲一（たかの・けんいち）

1973年、東京都生まれ。
2009年4月19日（当時36歳）、前方不注意・脇見運転の乗用車に正面衝突され、「急性硬膜下血腫」「脳挫傷」「頭蓋骨２本骨折」「右脳の壊死」「左肩甲骨の骨折」「左足膝下骨折」の重症を負うが、瀕死の状態から奇跡的に生還。しかし、高次脳機能障害・同名半盲との診断がくだされる。その後、保険金等をめぐり、元妻をはじめ親族との壮絶な戦いが起こり、数々の苦難を乗り越え、現在は千葉県成田市のマンションにて一人で暮らす。

ブログ：『高次脳機能障害（乾坤一擲の戦い）』
URL　http://takano0013.hateblo.jp/

乾坤一擲《けんこんいってき》の戦《たたか》い

高次脳機能障害者の俺は

発　行　2017年12月13日

著　者　高野 憲一

E-mail：natsuki-0402@ezweb.ne.jp
LINE　ID：takano0013

発行所　ブックウェイ　BookWay
〒670-0933　兵庫県姫路市平野町62
TEL 079（222）5372　FAX 079（223）3523
http://bookway.jp

印刷所　小野高速印刷株式会社

編集・制作　オフィス・ミュー
http://shuppan-myu.com

ISBN978-4-86584-276-0